LE V
conjugué ou

A. Souligne une fois les verbes conjugués et deux fois les verbes à l'infinitif.

(Le bateau de Robinson est attaqué par des pirates. Il est fait prisonnier et emmené à Salé.) *Les aventures de Robinson Crusoé. D. DEFOE. Casterman 1954*

Les traitements qu'on me fit éprouver ne furent pas si terribles que j'aurais cru, et je ne fus pas emmené avec les autres matelots dans l'intérieur du pays ; le capitaine du corsaire me garda pour sa part de prise. Le changement de ma condition, de marchand je devenais esclave, me plongea dans le désespoir. Mais, hélas ! ce n'était que le début des maux que je devais souffrir.

Deux ans passèrent lorsque se présenta une occasion qui réveilla en moi la pensée de travailler à retrouver ma liberté. Comme mon patron restait à terre et qu'il n'équipait point son vaisseau, faute d'argent, il ne manquait pas, deux ou trois fois la semaine, de sortir avec la grande chaloupe pour pêcher : alors il me prenait avec lui, ainsi qu'un jeune Maure, pour ramer dans le bateau.

Un jour mon patron m'ordonna de charger plusieurs provisions, trois fusils, de la poudre car il recevait des personnes importantes et qu'il voulait les emmener à la pêche et à la chasse. Mais ses hôtes ne vinrent pas. Cependant, il m'ordonna d'aller avec le bateau accompagné du jeune Maure, pour lui prendre du poisson.

Ce moment fit renaître mon intention de sortir de l'esclavage : j'étais sur le point d'avoir un petit vaisseau et dès que mon maître se fut retiré, je me préparai, non pas à une pêche, mais à un voyage, quoique je ne savais pas quelle route je prendrais.

Les personnes de la conjugaison

A. Entoure ce qui convient dans le tableau.

	PERSONNE			NOMBRE	
La mer a l'air houleuse.	1	2	3	S	P
Tu commences de grands travaux.	1	2	3	S	P
Vous avez de belles photos.	1	2	3	S	P
Nous écoutions le vent dans les branches.	1	2	3	S	P
Elles prirent de la crème fouettée.	1	2	3	S	P
Toi et moi, travaillerons à ce projet.	1	2	3	S	P
Je vous offre ces quelques fleurs.	1	2	3	S	P
Elle et toi dites la même chose.	1	2	3	S	P
Ils vous ont avertis à temps.	1	2	3	S	P
Les enfants, vous devez rentrer.	1	2	3	S	P

B. Relie tout ce qui peut l'être.

Tu ☐	
Céline ☐	☐ ouvres le robinet.
Je ☐	☐ fournira les CD.
Elle ☐	☐ visitais le musée.
Vinciane et moi ☐	☐ savourerons une glace.
Nous ☐	☐ se serrent la main.
Les joueurs ☐	☐ passerez l'aspirateur.
Vous ☐	

C. Écris le verbe ÉCOUTER au présent de l'indicatif de la personne indiquée.

2e PS : .... 1ère PP : ....

2e PP : .... 3e PP : ....

Les temps : les trois moments

A. Classe les verbes des phrases suivantes dans la colonne qui convient.

a) Le pêcheur <u>a préparé</u> sa ligne. Il <u>lance</u> l'hameçon dans l'eau. <u>Attrapera</u>-t-il un poisson ?

b) Tandis que le coureur <u>grimpe</u>, un petit peloton <u>surgit</u>.

c) La voiture <u>a dérapé</u> dans le fossé ; une dépanneuse <u>viendra</u> la charger.

d) Dimanche dernier, elle <u>fit</u> une partie de tennis et la <u>gagna</u>.

e) Les feuilles <u>tombent</u> dans l'allée que j'<u>ai nettoyée</u>.

	PASSÉ	PRÉSENT	FUTUR
a)	....	....	....
b)	....	....	....
c)	....	....	....
d)	....	....	....
e)	....	....	....

B. Trace une croix dans la colonne qui convient.

	PASSÉ	PRÉSENT	FUTUR
Elle était jolie la chèvre de M. Seguin.	....	....	....
Chaque jour, il la conduit dans le pré.	....	....	....
Elle avait tout pour être heureuse.	....	....	....
Mais l'animal veut aller se promener librement.	....	....	....
Un jour, elle s'échappe dans la montagne.	....	....	....
Le loup l'aperçoit.	....	....	....
Le loup la mangera.	....	....	....
Pourtant, la chèvre a lutté toute la nuit.	....	....	....

Les temps : les trois moments

C. Relie ce qui va ensemble.

Demain, ☐	
Hier, ☐	☐ la grue a soulevé une grosse charge.
Le mois prochain, ☐	
Hier, ☐	
Maintenant, ☐	☐ tu achèveras tes préparatifs.
Dès demain, ☐	
Dans une heure, ☐	
Hier, ☐	☐ nous aurons une nouvelle T.V.
Demain, ☐	
La semaine dernière, ☐	
Toutes les heures, ☐	☐ l'infirmière change le pansement.
En ce moment, ☐	
Dans une semaine, ☐	
Hier soir, ☐	☐ il neigeait.
Actuellement, ☐	
Aujourd'hui, ☐	
Le week-end dernier, ☐	☐ nous nous sommes promenés en forêt.
Le week-end prochain, ☐	

Le présent de l'indicatif (verbes en -ER)

A. Relie ce qui convient.

a) Je	☐	☐	joues dans l'équipe.
Ils	☐	☐	jouent dans l'équipe.
Elle	☐	☐	jouons dans l'équipe.
On	☐	☐	joue dans l'équipe.
Tu	☐	☐	jouez dans l'équipe.

b) C'est toi qui	☐	☐	proposez la devinette.
Nous	☐	☐	proposes la devinette.
Vous	☐	☐	proposent la devinette.
Isa et Tom	☐	☐	propose la devinette.
Clémence et moi	☐	☐	proposons la devinette.

B. Accorde les verbes au présent de l'indicatif.

Tu (ajouter) .... un peu de poivre.
Vous (respirer) .... profondément.
Je (quitter) .... la maison à 8 heures.
Les deux frères (accrocher) .... les guirlandes.
Lise et moi (visiter) .... les anciens quartiers.
Elle (attacher) .... un ruban dans ses cheveux.
Je (saler) .... la préparation.
Les ours (hiberner) .... en hiver.
Nous (écarter) .... les branches.
(continuer) .... -tu ta collection de timbres ?
Ils (rouler) .... prudemment.
Ludo et toi (préparer) .... les jeux.
L'arbitre (calmer) .... le joueur énervé.

L'imparfait de l'indicatif (verbes en -ER)

A. Relie ce qui convient.

a) Je ☐	☐ continuions le parcours.
Tu ☐	☐ continuait le parcours.
Elle ☐	☐ continuiez le parcours.
Nous ☐	☐ continuais le parcours.
Vous ☐	☐ continuaient le parcours.

b) Ils ☐	☐ baissions le son.
On ☐	☐ baissait le son.
Julien et Marine ☐	☐ baissaient le son.
Victoria et moi ☐	☐ baissais le son.
C'est toi qui ☐	☐ baissiez le son.

B. Accorde les verbes à l'imparfait de l'indicatif.

Tu (ajouter) .... un peu de poivre.

Vous (respirer) .... profondément.

Je (quitter) .... la maison à 8 heures.

Les deux frères (accrocher) .... les guirlandes.

Lise et moi (visiter) .... les anciens quartiers.

Elle (attacher) .... un ruban dans ses cheveux.

Je (saler) .... la préparation.

Les ours (hiberner) .... en hiver.

Nous (écarter) .... les branches.

(continuer) .... -tu ta collection de timbres ?

Ils (rouler) .... prudemment.

Rachid et toi (préparer) .... les jeux.

L'arbitre (calmer) .... le joueur énervé.

Le futur simple de l'indicatif (verbes en -ER)

A. Relie ce qui convient.

a) J' ☐ — ☐ amuserez les invités.
Tu ☐ — ☐ amuserai les invités.
Elle ☐ — ☐ amuseront les invités.
Lise et moi ☐ — ☐ amuseras les invités.
Nous ☐ — ☐ amuserons les invités.
Vous ☐ — ☐ amusera les invités.

b) Je ☐ — ☐ planterons des tulipes.
Ils ☐ — ☐ plantera des tulipes.
On ☐ — ☐ planteras des tulipes.
Arnaud et Zoé ☐ — ☐ planterai des tulipes.
C'est toi qui ☐ — ☐ planterez des tulipes.
C'est moi qui ☐ — ☐ planteront des tulipes.

B. Accorde les verbes au futur simple de l'indicatif.

Tu (ajouter) .... un peu de poivre.

Vous (respirer) .... profondément.

Je (quitter) .... la maison à 8 heures.

Les deux frères (accrocher) .... les guirlandes.

Lise et moi (visiter) .... les anciens quartiers.

Elle (attacher) .... un ruban dans ses cheveux.

Je (saler) .... la préparation.

(continuer) .... -tu ta collection de timbres ?

Ils (rouler) .... prudemment.

Rachid et toi (préparer) .... les jeux.

L'arbitre (calmer) .... le joueur énervé.

Le passé simple de l'indicatif (verbes en -ER)

A. Relie ce qui convient.

a) Je ☐	☐ continuas le parcours.
Tu ☐	☐ continuai le parcours.
Elle ☐	☐ continuâmes le parcours.
Nous ☐	☐ continuèrent le parcours.
Vous ☐	☐ continuâtes le parcours.
Ils ☐	☐ continua le parcours.

b) C'est toi qui ☐	☐ proposa la devinette.
Je ☐	☐ proposai la devinette.
Elle ☐	☐ proposas la devinette.
Chris et Jade ☐	☐ proposâmes la devinette.
Louise et moi ☐	☐ proposèrent la devinette.

B. Accorde les verbes au passé simple de l'indicatif.

Tu (ajouter) .... un peu de poivre.

Je (quitter) .... la maison à 8 heures.

Les deux frères (accrocher) .... les guirlandes.

Lise et moi (visiter) .... les anciens quartiers.

Elle (attacher) .... un ruban dans ses cheveux.

Je (saler) .... la préparation.

Nous (écarter) .... les branches.

(Continuer) .... -tu ta collection de timbres ?

Ils (rouler) .... prudemment.

Rachid et toi (préparer) .... les jeux.

L'arbitre (calmer) .... le joueur énervé.

Le conditionnel présent (verbes en -ER)

A. Relie ce qui convient.

a) J'	☐	☐	arriverait.
Tu	☐	☐	arriveriez.
Il	☐	☐	arriverais.
Nous	☐	☐	arriverions.
Vous	☐	☐	arriveraient.
Elles	☐		

b) Ils	☐	☐	louerait une tondeuse.
On	☐	☐	louerais une tondeuse.
Axel et Carla	☐	☐	loueraient une tondeuse.
Vicky et moi	☐	☐	louerions une tondeuse.
C'est toi qui	☐	☐	loueriez une tondeuse.

B. Accorde les verbes au conditionnel présent.

Tu (ajouter) .... un peu de poivre.

Vous (respirer) .... profondément.

Je (quitter) .... la maison à 8 heures.

Les deux frères (accrocher) .... les guirlandes.

Lise et moi (visiter) .... les anciens quartiers.

Elle (attacher) .... un ruban dans ses cheveux.

Je (saler) .... la préparation.

Nous (écarter) .... les branches.

(Continuer) .... -tu ta collection de timbres ?

Ils (rouler) .... prudemment.

Rachid et toi (préparer) .... les jeux.

L'impératif présent (verbes en -ER)

A. Accorde correctement les verbes entre parenthèses à l'impératif présent.

Tu parles à quelqu'un... (Exemple : Poste cette lettre.)

(ajouter) .... un peu de poivre.
(respirer) .... profondément.
(quitter) .... la maison à 8 heures.
(accrocher) .... les guirlandes.
(visiter) .... les anciens quartiers.
(saler) .... la préparation.
(écarter) .... les branches.
(continuer) .... ta collection de timbres.
(rouler) .... prudemment.
(préparer) .... les jeux.
(calmer) .... le joueur énervé.

B. *Tu parles de toi et d'autres personnes... (Exemple : Postons la lettre.)*

(ajouter) .... un peu de poivre.
(respirer) .... profondément.
(quitter) .... la maison à 8 heures.
(accrocher) .... les guirlandes.
(visiter) .... les anciens quartiers.
(saler) .... la préparation.
(écarter) .... les branches.
(continuer) .... notre collection de timbres.
(rouler) .... prudemment.
(préparer) .... les jeux.
(calmer) .... le joueur énervé.

L'impératif présent (verbes en -ER)

C. Accorde correctement les verbes entre parenthèses à l'impératif présent.

Tu parles à d'autres personnes... (Exemple : Postez la lettre.)

(ajouter) .... un peu de poivre.
(respirer) .... profondément.
(quitter) .... la maison à 8 heures.
(accrocher) .... les guirlandes.
(visiter) .... les anciens quartiers.
(saler) .... la préparation.
(écarter) .... les branches.
(continuer) .... votre collection de timbres.
(rouler) .... prudemment.
(préparer) .... les jeux.
(calmer) .... le joueur énervé.

D. Accorde correctement les verbes à l'impératif présent.

Pour faire un bon cocktail...

a) Tu parles à un ami...

(Verser) .... du jus d'orange dans un verre. (Ajouter) .... quelques gouttes de citron. (Poser) .... une cuillère au ras du liquide et (déposer) .... tout doucement un peu de sirop de grenadine puis de menthe.

(D'après "Diabolo" n° 69 ; Milan)

b) Tu parles à tes amis... (2e PP)

(Verser) .... du jus d'orange dans un verre. (Ajouter) .... quelques gouttes de citron. (Poser) .... une cuillère au ras du liquide et (déposer) .... tout doucement un peu de sirop de grenadine puis de menthe.

Le subjonctif présent (verbes en -ER)

A. Relie ce qui convient.

Il faut que (qu') ...

je	☐	☐	changes la pile.
tu	☐	☐	changions la pile.
Véronique	☐	☐	change la pile.
nous	☐	☐	changent la pile.
vous	☐	☐	changiez la pile.
ils	☐		

B. Accorde les verbes au subjonctif présent.

Il faut que tu (ajouter) .... un peu de poivre.

Il faut que vous (respirer) .... profondément.

Il faut que je (quitter) .... la maison à 8 heures.

Il faut que les deux frères (accrocher) .... les guirlandes.

Il faut que Lise et moi (visiter) .... les anciens quartiers.

Il faut qu'elle (attacher) .... un ruban dans ses cheveux.

Il faut que je (saler) .... la préparation.

Il faut que nous (verser) .... le café.

Il faut que nous (écarter) .... les branches.

Il faut que tu (continuer) .... ta collection de timbres.

Il faut qu' ils (rouler) .... prudemment.

Il faut que Rachid et toi (préparer) .... les jeux.

Il faut que l'arbitre (calmer) .... le joueur énervé.

Il faut que nous (allumer) .... le four.

Il faut que tu (essorer) .... le linge.

Il faut que je (décorer) .... la chambre.

Le verbe AVOIR

Accorde le verbe AVOIR aux temps indiqués.

Prés. de l'ind.

J'...................... un pull bleu.
Tu .... un pull bleu.
Natacha .... un pull bleu.
Nous .... un pull bleu.
Vous .... un pull bleu.
Ils .... un pull bleu.

Imparf. de l'ind.

Tu .... un pull bleu.

Pas. simp. de l'ind.

Elle .... un pull bleu.
Vous .... un pull bleu.
Ils .... un pull bleu.

Fut. s. de l'ind.

Nous .... un pull bleu.

Cond. prés.

Vous .... un pull bleu.

Pas. comp. de l'ind.

Elle .... un pull bleu.

Pl.-q.-parf. de l'ind.

Tu .... un pull bleu.

Subj. prés.

Il faut que j'................................ un pull bleu.
Il faut que tu .... un pull bleu.
Il faut qu'elle .... un pull bleu.
Il faut que nous .... un pull bleu.
Il faut que vous .... un pull bleu.
Il faut qu'ils .... un pull bleu.

Impératif prés.

2e PS .... un crayon taillé.
1re PP .... un crayon taillé.
2e PP .... un crayon taillé.

Le verbe ÊTRE

A. Accorde le verbe ÊTRE aux temps indiqués.

Prés. de l'ind.
Je .... à côté de la voiture.
Tu .... à côté de la voiture.
Victoria .... à côté de la voiture.
Nous .... à côté de la voiture.
Vous .... à côté de la voiture.
Ils .... à côté de la voiture.

Imparf. de l'ind.
Tu .... à côté de la voiture.
Vous .... à côté de la voiture.

Pas. simp. de l'ind.
Elle .... à côté de la voiture.
Ils .... à côté de la voiture.

Fut. s. de l'ind.
Nous .... à côté de la voiture.

Cond. prés.
Vous .... à côté de la voiture.

Pl.-q.-parf. de l'ind.
Tu .... à côté de la voiture.

Pas. comp. de l'ind.
Elle .... à côté de la voiture.

Subj. prés.
Il faut que je .... à côté de la voiture.
Il faut que tu .... à côté de la voiture.
Il faut qu'elle .... à côté de la voiture.
Il faut que nous .... à côté de la voiture.
Il faut que vous .... à côté de la voiture.
Il faut qu'ils .... à côté de la voiture.

Impératif prés.
2e PS .... à côté de la voiture.
1re PP .... à côté de la voiture.
2e PP .... à côté de la voiture.

Le passé composé de l'indicatif (verbes en -ER)

A. Relie ce qui convient.

J'	☐	☐ as aidé une amie.
Tu	☐	☐ avez aidé une amie.
Elle	☐	☐ ai aidé une amie.
Nous	☐	☐ ont aidé une amie.
Vous	☐	☐ a aidé une amie.
Ils	☐	☐ avons aidé une amie.

B. Relie ce qui convient.

a) Je	☐	☐ es installé dans le fauteuil.
Elyas, tu	☐	☐ êtes installé(e)s dans le fauteuil.
Elle	☐	☐ suis installé dans le fauteuil.
Il	☐	☐ est installé(e) dans le fauteuil.
Nous	☐	☐ est installée dans le fauteuil.
Vous	☐	☐ sommes installé(e)s dans le fauteuil.

b) Ils	☐	
Elles	☐	☐ sont allés à la patinoire.
Mathieu et Elsa	☐	☐ sont allées à la patinoire.
Déborah et moi	☐	☐ es allée à la patinoire.
C'est toi Lucie qui	☐	☐ sommes allé(e)s à la patinoire.
Romain et Alain	☐	☐ êtes allé(e)s à la patinoire.
Stéphanie et toi	☐	

Le passé composé de l'indicatif (verbes en -ER)

Tu (ajouter) .... un peu de poivre.
Elle (tomber) .... dans une flaque d'eau.
Vous (respirer) .... profondément.
Les deux frères (accrocher) .... les guirlandes.
Lise et moi (visiter) .... les anciens quartiers.
Elle (attacher) .... un ruban dans ses cheveux.
J' (saler) .... la préparation.
Nous (verser) .... le café.
Tu (écarter) .... les branches.
J' (continuer) .... ma collection de timbres.
Ils (rouler) .... prudemment.
Samuel et toi (préparer) .... les jeux.

Le plus-que-parfait de l'indicatif (verbes en -ER)

Tu (ajouter) .... un peu de poivre.
Elle (tomber) .... dans une flaque d'eau.
Vous (respirer) .... profondément.
J' (quitter) .... la maison à 8 heures.
Les deux frères (accrocher) .... les guirlandes.
Lise et moi (visiter) .... les anciens quartiers.
Elle (attacher) .... un ruban dans ses cheveux.
J' (saler) .... la préparation.
Nous (verser) .... le café.
Tu (continuer) .... ta collection de timbres.
Ils (rouler) .... prudemment.
Samuel et toi (préparer) .... les jeux.

Le plus-que-parfait de l'indicatif (verbes en -ER)

Vous (respirer) .... profondément.
Les deux frères (accrocher) .... les guirlandes.
Lise et moi (visiter) .... les anciens quartiers.
Elle (attacher) .... un ruban dans ses cheveux.
J' (saler) .... la préparation.
Nous (verser) .... le café.

Tu (écarter) .... les branches.
J' (continuer) .... ma collection de timbres.
Ils (rouler) .... prudemment.
Rachid et toi (préparer) .... les jeux.

Le futur antérieur de l'indicatif (verbes en -ER)

Exemple : J'aurai conjugué des verbes.

Tu (ajouter) .... un peu de poivre.
Elle (tomber) .... dans une flaque d'eau.
Vous (respirer) .... profondément.
J' (quitter) .... la maison à 8 heures.
Les deux frères (accrocher) .... les guirlandes.
Lise et moi (visiter) .... les anciens quartiers.
Elle (attacher) .... un ruban dans ses cheveux.
Nous (verser) .... le café.
Tu (écarter) .... les branches.
J' (continuer) .... ma collection de timbres.
Rachid et toi (préparer) .... les jeux.

Le verbe ALLER

A. Accorde le verbe ALLER aux temps indiqués.

Prés. de l'ind.	Je .... chez un ami.
	Tu .... chez un ami.
	Elle .... chez un ami.
	Nous .... chez une amie.
	Vous .... chez une amie.
	Ils .... chez une amie.
Impér. prés.	2ePS .... chez un ami.
	1èrePP .... chez un ami.
	2ePP .... chez un ami.
Imparf. de l'ind.	Luc et Leila .... chez un ami.
Fut. s. de l'ind.	Tu .... chez un ami.
	Elles .... chez un ami.
Pas. simp. de l'ind.	J'.................................... chez une amie.
	Tu .... chez un ami.
	Il .... chez une amie.
	Nous .... chez un ami.
	Pierre et toi .... chez un ami.
	Elles .... chez une amie.
Pas. comp. de l'ind.	Elle .... chez un ami.
	Elle et moi (Natacha) .... chez une amie.
Pl.-q.-parf. de l'ind.	Vous .... chez une amie.
Fut. ant. de l'ind.	Je .... chez une amie.
Subj. prés.	Il faut que tu .... chez une amie.
	Il faut que vous .... chez une amie.

Le verbe FAIRE

A. Accorde le verbe FAIRE aux temps indiqués.

Prés. de l'ind.	Je .... une balade à vélo.
	Elle .... une balade à vélo.
	Nous .... une balade à vélo.
	Vous .... une balade à vélo.
	Elles .... une balade à vélo.
Imparf. de l'ind.	Il .... une balade à vélo.
	Vous .... une balade à vélo.
Fut. s. de l'ind.	Je .... une balade à vélo.
	Vous .... une balade à vélo.
Pas. simp. de l'ind.	Elle .... une balade à vélo.
	Ils .... une balade à vélo.
	Nous .... une balade à vélo.
	Vous .... une balade à vélo.
Cond. prés.	Vous .... une balade à vélo.
Pas. comp. de l'ind.	Elles .... une balade à vélo.
Pl.-q.-parf. de l'ind.	Nous .... une balade à vélo.
Fut. ant. de l'ind.	Tu .... une balade à vélo.
Subj. prés.	Il faut que je .... une balade à vélo.
	Il faut qu'elle .... une balade à vélo.
Impér. prés.	2ePS .... une balade à vélo.
	1èrePP .... une balade à vélo.
	2ePP .... une balade à vélo.

Les verbes pronominaux (Ex : se laver)

A. Accorde les verbes aux temps indiqués.

se laver - Prés. de l'ind. Je .... les cheveux.
Elle .... les cheveux.
Nous .... les cheveux.
Vous .... les cheveux.
Elles ....les cheveux.

s'emparer - Imparf. de l'ind. Tu ....de ton blouson.
Vous.............................. de votre blouson.

- Fut. s. de l'ind. Je .... de mon blouson.

s'absenter - Pas. simp. de l'ind. Il .... rarement.
Elles .... rarement.
Nous ....rarement.
Vous ....rarement.

- Cond. prés. Nous ....rarement.
- Pas. comp. de l'ind. Elles .... rarement.
- Pl.-q.-parf. de l'ind. Nous .... rarement.
- Fut. ant. de l'ind. Je .... rarement.

se retourner - Impér. prés. 2PS ....
1PP ....
2PP ....

- Subj. prés. Il faut que tu ....
Il faut qu'ils ....

Les verbes du 2e groupe en -IR

A. Accorde les verbes au présent de l'indicatif.

finir — Nous .... la lecture.
blanchir — Vous .... le linge.
démolir — Je .... le vieux mur.
divertir — Tu .... ton petit frère.
éclaircir — Vous .... le mystère.
fournir — Elle .... la nourriture.
garantir — Ils .... la qualité du produit.
nourrir — Il .... les poissons.
ralentir — Nous .... au croisement.
remplir — Elles .... les cases.
réussir — Je .... la sauce.

B. Accorde les verbes à l'imparfait de l'indicatif.

finir — Nous .... la lecture.
blanchir — Vous .... le linge.
démolir — Je .... le vieux mur.
divertir — Tu .... ton petit frère.
éclaircir — Vous .... le mystère.
fournir — Elle .... la nourriture.
garantir — Ils .... la qualité du produit.
guérir — Il .... rapidement.
nourrir — Il .... les poissons.
ralentir — Nous .... au croisement.
remplir — Elles .... les cases.
réussir — Je .... la sauce.

Les verbes du 2e groupe en -IR

C. Accorde les verbes au futur simple de l'indicatif.

finir	Nous .... la lecture.
blanchir	Vous .... le linge.
démolir	Je .... le vieux mur.
divertir	Tu .... ton petit frère.
éclaircir	Vous .... le mystère.
fournir	Elle .... la nourriture.
garantir	Ils .... la qualité du produit.
guérir	Il .... rapidement.
nourrir	Il .... les poissons.
ralentir	Nous .... au croisement.
remplir	Elles .... les cases.
réussir	Je .... la sauce.

D. Accorde les verbes au passé simple de l'indicatif.

finir	Nous .... la lecture.
blanchir	Vous .... le linge.
démolir	Je .... le vieux mur.
divertir	Tu .... ton petit frère.
éclaircir	Vous .... le mystère.
fournir	Elle .... la nourriture.
garantir	Ils .... la qualité du produit.
guérir	Il .... rapidement.
nourrir	Il .... les poissons.
ralentir	Nous .... au croisement.
remplir	Elles .... les cases.
réussir	Je .... la sauce.

Les verbes du 2e groupe en -IR

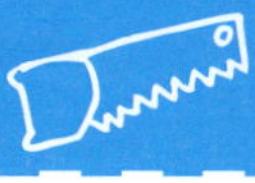

E. Accorde les verbes au conditionnel présent.

finir	Nous .... la lecture.
blanchir	Vous .... le linge.
démolir	Je .... le vieux mur.
divertir	Tu .... ton petit frère.
éclaircir	Vous .... le mystère.
fournir	Elle .... la nourriture.
garantir	Ils .... la qualité du produit.
guérir	Il .... rapidement.
nourrir	Il .... les poissons.
ralentir	Nous .... au croisement.
remplir	Elles .... les cases.
réussir	Je .... la sauce.

F. Accorde les verbes au passé composé de l'indicatif.

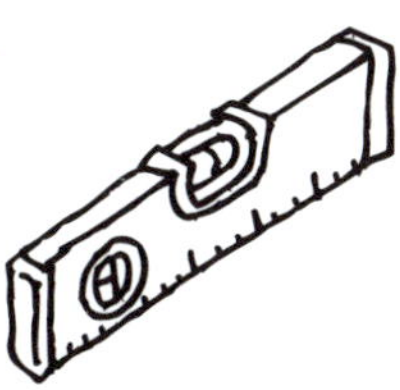

finir	Nous .... la lecture.
blanchir	Vous .... le linge.
démolir	J' .... le vieux mur.
divertir	Tu .... ton petit frère.
éclaircir	Vous .... le mystère.
fournir	Elle .... la nourriture.
garantir	Ils .... la qualité du produit.
nourrir	Il .... les poissons.
ralentir	Nous .... au croisement.
remplir	Elles .... les cases.
réussir	J' .... la sauce.

Les verbes du 2e groupe en -IR

G. Accorde les verbes au plus-que-parfait de l'indicatif.

finir	Nous .... la lecture.
blanchir	Vous .... le linge.
démolir	J' .... le vieux mur.
divertir	Tu .... ton petit frère.
éclaircir	Vous .... le mystère.
fournir	Elle .... la nourriture.
garantir	Ils .... la qualité du produit.
nourrir	Il .... les poissons.
ralentir	Nous .... au croisement.
remplir	Elles .... les cases.
réussir	J' .... la sauce.

H. Accorde les verbes au futur antérieur de l'indicatif.

finir	Nous .... la lecture.
blanchir	Vous .... le linge.
démolir	J' .... le vieux mur.
divertir	Tu .... ton petit frère.
éclaircir	Vous .... le mystère.
fournir	Elle .... la nourriture.
garantir	Ils .... la qualité du produit.
nourrir	Il .... les poissons.
ralentir	Nous .... au croisement.
remplir	Elles .... les cases.
réussir	J' .... la sauce.

Les verbes du 2e groupe en -IR

1. Accorde les verbes au présent de l'indicatif.

finir	Nous .... nos devoirs.
blanchir	Vous .... le mur.
démolir	Je .... ma maquette.
divertir	Tu .... tes amis.
éclaircir	Vous .... la couleur.
fournir	Elle .... le pain.
garantir	Ils .... la livraison.
nourrir	Il .... son chien.
ralentir	Nous .... notre allure.
remplir	Elles .... les paniers.
réussir	Je .... mon examen.

Les verbes du 2e groupe en -IR

J. Accorde les verbes à l'impératif présent.

Tu parles à quelqu'un...

finir .... la lecture.
blanchir .... le linge.
démolir .... le vieux mur.
divertir .... ton petit frère.
éclaircir .... le mystère.
fournir .... la nourriture.
garantir .... la qualité du produit.
guérir .... rapidement.
nourrir .... les poissons.
ralentir .... au croisement.
remplir .... les cases.
réussir .... la sauce.

Tu parles de toi et d'autres personnes...

finir .... la lecture.
blanchir .... le linge.
démolir .... le vieux mur.
divertir .... ton petit frère.
éclaircir .... le mystère.
fournir .... la nourriture.
garantir .... la qualité du produit.
guérir .... rapidement.
nourrir .... les poissons.
ralentir .... au croisement.
remplir .... les cases.
réussir .... la sauce.

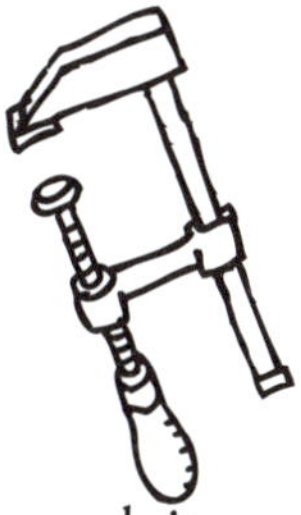

Les verbes du 2e groupe en -IR

Tu parles à d'autres personnes...

finir .... la lecture.
blanchir .... le linge.
démolir .... le vieux mur.
divertir .... votre petit frère.
éclaircir .... le mystère.
fournir .... la nourriture.
garantir .... la qualité du produit.
guérir .... rapidement.
nourrir .... les poissons.
ralentir .... au croisement.
remplir .... les cases.
réussir .... la sauce.

K. Accorde les verbes au subjonctif présent.

Il faut ...

finir que nous .... la lecture.
blanchir que vous .... le linge.
démolir que je .... le vieux mur.
divertir que tu .... ton petit frère.
éclaircir que vous .... le mystère.
fournir qu'elle .... la nourriture.
garantir qu'ils .... la qualité du produit.
guérir qu'il .... rapidement.
nourrir qu'il .... les poissons.
ralentir que nous .... au croisement.
remplir qu'elles .... les cases.
réussir que je .... la sauce.

Verbes particuliers en -ER

A. Verbes en -CER
Accorde les verbes aux temps indiqués.

effacer - Prés. de l'ind. Nous .... le classement.
Ils .... le classement.
- Imparf. de l'ind. Tu .... le classement.
Vous .... le classement.

glacer - Prés. de l'ind. Tu .... le gâteau.
Nous .... le gâteau.
- Fut. s. de l'ind. Je .... le gâteau.

tracer - Imparf. de l'ind. Je .... la piste.
Vous .... la piste.
- Pas. simp. de l'ind. Elle .... la piste.
Ils .... la piste.

percer - Impér. prés. 2^{e}PS .... la boîte.
1^{ère}PP .... la boîte.
2^{e}PP .... la boîte.

remplacer - Imparf. de l'ind. Je .... la vitre.
Vous .... la vitre.
- Subj. prés. Il faut que tu .... la vitre.
Il faut que vous .... la vitre.

sucer - Prés. de l'ind. Nous .... un glaçon.
- Imparf. de l'ind. Tu .... un glaçon.
- Pas. simp. de l'ind. Elle .... un glaçon.

Verbes particuliers en -ER

B. Verbes en -GER.
Accorde les verbes aux temps indiqués.

allonger	- Prés. de l'ind.	Nous .... le parcours.
		Elles .... le parcours.
arranger	- Imparf. de l'ind.	Tu .... tes cheveux.
		Nous ....nos cheveux.
changer	- Fut. s. de l'ind.	Ils .... de fournisseur.
dégager	- Pas. simp. de l'ind.	Je .... l'entrée.
		Elles .... l'entrée.
juger	- Subj. prés.	Il faut que vous .... les faits.
longer	- Impér.	2ePS .... la prairie.
		1èrePP .... la prairie.
		2ePP .... la prairie.
interroger	- Prés. de l'ind.	Elle .... un passant.
		Vous .... un passant.
négliger	- Imparf. de l'ind.	Il .... ses travaux.
protéger	- Pas. simp. de l'ind.	Il .... les vitres.
		Elles .... les vitres.
ronger	- Fut. s. de l'ind.	Le castor .... les troncs d'arbres.
charger	- Prés. de l'ind.	Nous .... les fruits.
	- Imparf. de l'ind.	Vous .... les fruits.
		Elles .... les fruits.
déménager	- Imparf. de l'ind.	Ils .... le piano.

Verbes particuliers en -ER

C. Verbes en -GNER, -GUER, -QUER.
Accorde les verbes aux temps indiqués.

désigner - Prés. de l'ind. Je .... le vainqueur.
Nous .... le vainqueur.

- Imparf. de l'ind. Tu .... le vainqueur.
Vous .... le vainqueur.

- Subj. prés. Il faut que tu .... le vainqueur.
Il faut que nous .... le vainqueur.

signer - Imparf. de l'ind. Elle .... la lettre.

peigner - Pas. simp. de l'ind. Je .... le chien.
Vous .... le chien.

- Subj. prés. Il faut que vous .... le chien.
Il faut qu'ils .... le chien.

témoigner - Imparf. de l'ind. Tu .... devant le juge.
Nous .... devant le juge.

naviguer - Prés. de l'ind. Tu .... sur l'océan.
- Imparf. de l'ind. Vous .... sur l'océan.
Ils .... sur l'océan.

- Pas. simp. de l'ind. Elles .... sur l'océan.

laquer - Prés. de l'ind. Nous .... le canard.
- Imparf. de l'ind. Maman .... le canard.
- Pas. simp. de l'ind. Tu .... le canard.
- Subj. prés. Il faut que vous .... le canard.

repiquer - Prés. de l'ind. Le cultivateur .... des salades.

Verbes particuliers en -ER

D. Verbes en -UYER et -OYER.

Accorde les verbes aux temps indiqués.

appuyer	- Prés. de l'ind.	Tu .... sur l'interrupteur.
		Nous .... sur l'interrupteur.
	- Imparf. de l'ind.	Elle .... sur l'interrupteur.
		Vous .... sur l'interrupteur
	- Fut. s. de l'ind.	Ils .... sur l'interrupteur.
	- Subj. prés.	Il faut que tu .... sur l'interrupteur.
		Il faut que nous .... sur l'interrupteur.
nettoyer	- Prés. de l'ind.	Tu .... les tasses.
		Vous .... les tasses.
	- Imparf. de l'ind.	Vous .... les tasses.
		Ils .... les tasses.
	- Pas. simp. de l'ind.	Tu .... les tasses.
		Les enfants .... les tasses.
employer	- Prés. de l'ind.	Il ....de l'huile d'olive.
		Vous .... de l'huile d'olive.
	- Imparf. de l'ind.	Nous .... de l'huile d'olive.
		Ils .... de l'huile d'olive.
	- Subj. prés.	Il faut que tu .... de l'huile d'olive.
		Il faut que vous .... de l'huile d'olive.
	- Impér. prés.	2ePS ....de l'huile d'olive.
		2ePP ....de l'huile d'olive.
broyer	- Prés. de l'ind.	Elles .... des noisettes.
		Nous .... des noisettes.
	- Fut. s. de l'ind.	Tu .... des noisettes.
	- Imparf. de l'ind.	Nous .... des noisettes.

Verbes particuliers en -ER

E. Verbes en -AYER.

payer - Prés. de l'ind. Je .... la facture.
Vous .... la facture.

- Imparf. de l'ind. Vous .... la facture.
- Fut. s. de l'ind. Je .... la facture.
- Pas. simp. de l'ind. Il .... la facture.
Elles .... la facture.

balayer - Pas. comp. de l'ind. Tu .... le trottoir.

- Impér. prés. 2ᵉPP .... le trottoir.
- Subj. prés. Il faut que tu .... le trottoir.
Il faut qu'ils .... le trottoir.

F. Verbe ENVOYER.

Prés. de l'ind. J'.. un colis.

Elle .... un colis.
Nous .... un colis.
Elles .... un colis.

Imparf. de l'ind. Vous .... un colis.

Fut. s. de l'ind. Tu .... un colis.

Pas. simp. de l'ind. Nous .... un colis.
Elles .... un colis.

Cond. prés. Nous .... un colis.

Pl.-q.-parf. de l'ind. Il .... un colis.

Impér. prés. 2ᵉPS .... un colis.
1ᵉPP .... un colis.

Subj. prés. Il faut que tu .... un colis.
Il faut que vous ....un colis.

Verbes particuliers en -ER

G. Verbes en -IER, -ILLER.
Accorde les verbes aux temps indiqués.

a) **publier** - Prés. de l'ind. Elle .... ses mémoires.
Nous .... nos mémoires.

- Imparf. de l'ind. Elle .... ses compositions.
Nous .... nos compositions.
Vous ....vos compositions.

- Pas. simp. de l'ind. Nous .... ses compositions.

scier - Fut. simp. de l'ind. Je .... du bois.

- Pas. comp. de l'ind. Elle .... du bois.

- Impér. prés. 2ePS .... du bois.
1èrePP .... du bois.

vérifier - Subj. prés. Il faut que tu .... les comptes.
Il faut que nous .... les comptes.

b) **travailler** - Prés. de l'ind. Elle .... avec entrain.
Nous .... avec entrain.

bailler - Prés. de l'ind. Nous .... de sommeil.

- Imparf. de l'ind. Nous .... de sommeil.

surveiller - Imparf. de l'ind. Il .... le trafic routier.
Nous .... le trafic routier.

habiller - Pas. simp. de l'ind. Tu .... le bébé.

- Fut. s. de l'ind. Nous .... le bébé.

réveiller - Pas. comp. de l'ind. La sonnerie .... tous les enfants.

- Impér. prés. 2ePS .... tes frères.

tailler - Subj. prés. Il faut que tu .... les arbres.
Il faut que nous .... les arbres.

Verbes particuliers en -ER

H. Verbes comme SEMER, CÉDER.

On écrit avec un accent grave le e qui est à la fois situé en fin de syllabe et suivi d'une syllabe avec un e muet.
Ex. je cède , je cédais (inchangé), je cèderai (réforme).

Accorde les verbes aux temps indiqués.

a) **enlever** - Imparf. de l'ind. Tu .... la poussière.
achever - Fut. s. de l'ind. J' .... le nettoyage.
- Cond. prés. Nous .... le nettoyage.

amener - Pas. simp. de l'ind. Tu .... des boissons.
- Pas. comp. Elle .... des friandises.

peser - Prés. de l'ind. Je .... le contenu du panier.
Nous .... le contenu du panier.
- Impér. prés. 2ePP .... le contenu du panier.

soulever - Subj. prés. Demain, il faut que je .... une pierre.
- Pas. comp. de l'ind. Elle .... une pierre.
Ils .... une pierre.

promener - Prés. de l'ind. Abdel .... le chien.

b) **régler** - Prés. de l'ind. Je .... la facture.
Nous .... la facture.
- Imparf. de l'ind. Elles .... la facture.

opérer - Impér. prés. 2ePS .... le malade.
1èrePP .... le malade.
- Fut. s. de l'ind. Ils .... le malade.

accélérer - Imparf. de l'ind. Vous .... le mouvement.
- Fut. s. de l'ind. Il .... le mouvement.

aérer - Subj. prés. Il faut que tu .... la chambre.
Il faut que nous .... la chambre.

Verbes particuliers en -ER

1. Verbes en -ELER et -ETER.

Avec la réforme tous les verbes se conjuguent comme acheter et peler, sauf appeler et jeter et leurs composés.

Accorde les verbes aux temps indiqués.

renouveler	- Prés. de l'ind.	Je .... l'abonnement.
		Nous .... l'abonnement.
	- Imparf. de l'ind.	Elles .... l'abonnement.
feuilleter	- Pas. simp. de l'ind.	Nous .... le livre.
	- Fut. s. de l'ind.	Ils .... le livre.
ficeler	- Pas. comp. de l'ind.	Tu .... la boite.
épeler	- Impér. prés.	2^{e}PS .... le mot.
		1^{ère}PP .... le mot.
	- Subj. prés.	Il faut que nous .... le mot.
		Il faut qu'ils .... le mot.
appeler	- Prés. de l'ind.	Elle .... son amie.
		Vous .... une amie.
	- Fut. s. de l'ind.	J'.................................. une amie.
	- Pas. comp. de l'ind.	Nous .... une amie.
	- Subj. prés.	Il faut que tu .... une amie.
		Il faut que nous ....une amie.
rejeter	- Imparf. de l'ind.	Nous .... cette offre.
	- Pas. simp. de l'ind.	Elles .... cette offre.
	- Impér. prés.	2^{e}PS .... cette offre.
		1^{ère}PP .... cette offre.
	- Cond. prés.	Elles .... cette offre.

Verbes particuliers en -IR

A. Les verbes comme COURIR, PARCOURIR, CONCOURIR, ACCOURIR, SECOURIR...

Accorde les verbes aux temps indiqués.

courir - Prés. de l'ind. Tu .... comme une gazelle.
Nous .... comme une gazelle.
Ils .... comme une gazelle.

parcourir - Imparf. de l'ind. Il .... un long trajet.
- Pas. simp. de l'ind. Tu .... un long trajet.
Vous .... un long trajet.

recourir - Fut. s. de l'ind. Elle .... au dictionnaire.
- Pas. comp. de l'ind. Tu .... au dictionnaire.

secourir - Impér. prés. 2ᵉPS .... les malheureux.
2ᵉPP .... les malheureux.
- Subj. prés. Il faut que je .... les malheureux.
Il faut que vous .... les malheureux.

B. Le verbe CUEILLIR.

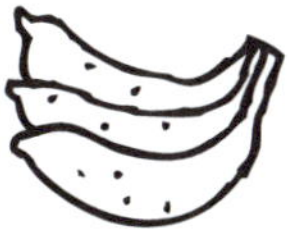

Accorde les verbes aux temps indiqués.

cueillir - Prés. de l'ind. Je .... des framboises.
Nous .... des framboises.
- Imparf. de l'ind. Nous .... des framboises.
- Pas. simp. de l'ind. Ils .... des framboises.

accueillir - Fut. s. de l'ind. Tu .... tes amis.
- Pas. comp. de l'ind. Elle .... ses amies.
- Impér. prés. 2ᵉPP .... vos amis.

recueillir - Subj. prés. Il faut qu'elle .... les feuilles.
Il faut que vous .... les feuilles.

Verbes particuliers en -IR

C. Les verbes comme SENTIR, SORTIR, PARTIR, MENTIR...
Accorde les verbes aux temps indiqués.

sentir - Prés. de l'ind. Tu .... la chaleur du soleil.
Elle .... la chaleur du soleil.
Nous ....la chaleur du soleil.

sortir - Imparf. de l'ind. Je .... les fauteuils de jardin.
- Pas. simp. de l'ind. Elles .... les fauteuils de jardin.

partir - Fut. s. de l'ind. Tu .... à la campagne.
- Cond. prés. Vous .... à la campagne.

mentir - Pl.-q.-parf. de l'ind. Vous n'............. pas ....

sortir - Impér. prés. 2^{e}PS .... le chien.
2^{e}PP .... le chien.
- Subj. prés. Il faut qu'elles .... le chien.

D. Le verbe DORMIR.
Accorde les verbes aux temps indiqués.

Prés. de l'ind. Elle .... dans un lit douillet.
Nous .... dans un lit douillet.
Imparf. de l'ind. Je .... dans un lit douillet.
Pas. simp. de l'ind. Elle .... dans un lit douillet.
Nous .... dans un lit douillet.
Fut. s. de l'ind. Je .... dans un lit douillet.
Cond. prés. Vous .... dans un lit douillet.
Pas. comp. de l'ind. Nous .... dans un lit douillet.
Fut. ant. de l'ind. Tu .... dans un lit douillet.
Impér. prés. 2^{e}PS .... dans un lit douillet.
1^{ère}PP .... dans un lit douillet.
Subj. prés. Il faut que vous .... dans un lit douillet.

Verbes particuliers en -IR

E. Les verbes OUVRIR, COUVRIR, OFFRIR, SOUFFRIR, DÉCOUVRIR...

Accorde les verbes aux temps indiqués.

ouvrir - Prés. de l'ind. Elle .... le tiroir.
Elles .... le tiroir.

recouvrir - Imparf. de l'ind. Je .... les cahiers.
- Pas. simp. de l'ind. Tu .... les cahiers.
Vous .... les cahiers.

souffrir - Pas. comp. de l'ind. Il .... d'une rage de dent.

découvrir - Cond. prés. Tu .... une vieille chanson.
- Pas. comp. de l'ind. Elle .... une vieille chanson.

offrir - Impér. prés. 2^{e}PS ....des fleurs à maman.
- Subj. prés. Il faut que vous .... des fleurs.

F. Les verbes TENIR, CONTENIR, VENIR, DEVENIR...

Accorde les verbes aux temps indiqués.

tenir - Prés. de l'ind. Tu .... le guidon du vélo.
Nous .... le guidon du vélo.

détenir- Pl.-q.-parf. de l'ind. Elles .... le record du monde.

contenir - Imparf. de l'ind. La bouteille ....de l'orangeade.

devenir - Pas. simp. de l'ind. Il .... pilote de ligne.
- Fut. s. de l'ind. Vous .... pilote de ligne.

venir - Cond. prés. Nous .... si tu le demandais.
- Pas. comp. de l'ind. Il .... près de moi.
Elles .... près de moi.
- Impér. prés. 2^{e}PS .... près de moi.
2^{e}PP .... près de moi.

soutenir - Subj. prés. Il faut que tu .... notre équipe.

Verbes particuliers en -IR

G. Le verbe SERVIR.

Accorde les verbes aux temps indiqués.

servir	- Prés. de l'ind.	Tu .... du café.
		Nous .... du café.
	- Imparf. de l'ind.	Je .... du café.
	- Pas. comp. de l'ind.	Elle .... du café.
	- Fut. s. de l'ind.	Ils .... du café.
	- Pas. simp. de l'ind.	Nous .... du café.
	- Cond. prés.	Vous .... du café.
	- Subj. prés.	Il faut qu'ils .... du café.

H. Le verbe FUIR.

Accorde les verbes aux temps indiqués.

fuir	- Prés. de l'ind.	Le robinet ....
		Les robinets ....
	- Imparf. de l'ind.	Le robinet ....
	- Fut. s. de l'ind.	Le robinet ....
	- Pas. comp. de l'ind.	Le robinet ....
s'enfuir	- Prés. de l'ind.	Tu .... à toutes jambes.
		Vous .... à toutes jambes.
	- Imparf. de l'ind.	Vous .... à toutes jambes.
	- Pas. comp. de l'ind.	Elle .... à toutes jambes.
		Ils .... à toutes jambes.
	- Pl.-q.-parf. de l'ind.	Je .... à toutes jambes.
	- Fut. s. de l'ind.	Nous .... à toutes jambes.
	- Subj. prés.	Il faut que nous ....

Verbes particuliers en -IR

I. Le verbe MOURIR.

Prés. de l'ind.	Je .... de rire.
	Nous .... de rire.
Imparf. de l'ind.	Tu .... de rire.
Fut. s. de l'ind.	Je .... de rire.
Pas. simp. de l'ind.	Il .... de rire.
Cond. prés.	Nous .... de rire.
Pas. comp. de l'ind.	Elles .... de rire.
Pl.-q.-parf. de l'ind.	Nous .... de rire.
Fut. ant. de l'ind.	Je .... de rire.
Prés. de l'ind.	Elle .... de rire.
Impér. prés.	2^{e}PS .... de rire.
	2^{e}PP .... de rire.
Subj. prés.	Il faut que tu .... de rire.
Subj. pas.	Il faut qu'elle .... de rire.

J. Le verbe BOUILLIR.

Prés. de l'ind.	Je .... d'impatience.
	Nous .... d'impatience.
	Elles .... d'impatience.
Imparf. de l'ind.	Vous .... d'impatience.
Pas. simp. de l'ind.	Il .... d'impatience.
Cond. prés.	Nous .... d'impatience.
Pas. comp. de l'ind.	Elles .... d'impatience.
Impér. prés.	2^{e}PS .... d'impatience.
Subj. prés.	Il faut que tu .... d'impatience.

Verbes particuliers en -IRE

A. Les verbes LIRE, ÉLIRE, RELIRE.

Accorde les verbes aux temps indiqués.

lire	- Prés. de l'ind.	Je .... un journal.
		Vous .... un journal.
	- Imparf. de l'ind.	Ils .... un journal.
	- Pas. simp. de l'ind.	Elles .... un journal.
élire	- Fut. s. de l'ind.	Vous .... vos représentants.
	- Cond. prés.	Vous ....vos représentants.
relire	- Pas. comp. de l'ind.	Tu .... la rédaction.
	- Impér. prés.	2ᵉPS .... la rédaction.
		1ère PP .... la rédaction.
	- Subj. prés.	Il faut que nous .... la rédaction.

B. Les verbes DIRE, INTERDIRE, PRÉDIRE.

dire	- Prés. de l'ind.	Je .... ce qui s'est passé.
		Vous .... ce qui s'est passé.
	- Pas. comp. de l'ind.	Nous ....ce qui s'était passé.
	- Fut. s. de l'ind.	Tu .... ce qui s'est passé.
	- Impér. prés.	2ᵉPP .... ce qui s'est passé.
	- Subj. prés.	Il faut que vous ....ce qui s'est passé.
interdire	- Prés. de l'ind.	Vous .... les portables en classe.
	- Imparf. de l'ind.	Il .... les portables en classe.
	- Pas. simp. de l'ind.	Elles .... les portables en classe.
prédire	- Prés. de l'ind.	Vous .... une journée brumeuse.
	- Cond. prés.	Nous .... une journée brumeuse.

Verbes particuliers en -IRE

C. Les verbes RIRE, SOURIRE.

Accorde les verbes aux temps indiqués.

rire	- Prés. de l'ind.	Tu .... de ce gag.
		Vous .... de ce gag.
	- Imparf. de l'ind.	Nous .... de ce gag.
	- Pl.-q.-parf. de l'ind.	Elle .... de ce gag.
	- Pas. simp. de l'ind.	Nous .... de ce gag.
		Elles .... de ce gag.
sourire	- Fut. s. de l'ind.	Je .... souvent.
	- Cond. prés.	Ils .... souvent.
	- Pas. comp. de l'ind.	Nous .... souvent.
	- Impér. prés.	1ère PP .... souvent.
	- Subj. prés.	Il faut qu'elle .... souvent.

D. Les verbes ÉCRIRE, DÉCRIRE, (S')INSCRIRE.

écrire	- Prés. de l'ind.	J'.................................. sur le calendrier.
		Elles .... sur le calendrier.
	- Imparf. de l'ind.	Nous .... sur le calendrier.
	- Pas. simp. de l'ind.	Il .... sur le calendrier.
		Nous .... sur le calendrier.
décrire	- Fut. s. de l'ind.	Vous .... la situation.
	- Fut. ant. de l'ind.	Vous .... la situation.
	- Cond. prés.	Tu .... la situation.
	- Pas. comp. de l'ind.	Elles .... la situation.
s'inscrire	- Impér. prés.	2e PS .... au judo.
		2e PP .... au judo.
	- Subj. prés.	Il faut qu'elle .... au judo.

Verbes particuliers en -IRE

E. Les verbes CUIRE, CONDUIRE, PRODUIRE, TRADUIRE, INSTRUIRE...
Accorde les verbes aux temps indiqués.

cuire - Prés. de l'ind. Je .... les brochettes.
Nous .... les brochettes.
conduire - Imparf. de l'ind. Il .... le camion.
- Pas. s. de l'ind. Elles .... le camion.
produire - Fut. s. de l'ind. Nous .... du compost.
nuire - Prés. de l'ind. Le tabac .... à la santé.
traduire - Imparf. de l'ind.. Tu .... le document.
- Pl.-q.-parf. de l'ind. Elles .... le document.
- Impér. prés. 2ᵉPS .... le document.
- Subj. prés. Il faut que je .... le document.

Verbes en -OIR

A. Les verbes en -CEVOIR : RECEVOIR, APERCEVOIR...
Accorde les verbes aux temps indiqués.

recevoir - Prés. de l'ind. Je .... des encouragements.
Vous .... des encouragements.
Elles .... des encouragements.
- Imparf. de l'ind. Nous .... des encouragements.
- Pas. simp. de l'ind. Il .... des encouragements.
apercevoir - Fut. s. de l'ind. Tu .... une fontaine.
- Cond. prés. Vous .... une fontaine.
- Pas. comp. de l'ind. Ils .... une fontaine.
- Subj. prés. Il faut que tu .... une fontaine.
décevoir - Impér. prés. 2ᵉPS Ne .... pas les supporters.

Verbes en -OIR

B. Les verbes VOIR, ENTREVOIR, PRÉVOIR.
Accorde les verbes aux temps indiqués.

voir - Prés. de l'ind. Je .... l'étoile polaire.
Vous .... l'étoile polaire.
Elles .... l'étoile polaire.
- Imparf. de l'ind. Vous .... l'étoile polaire.
- Pas. simp. de l'ind. Il .... l'étoile polaire.
Nous .... l'étoile polaire.

entrevoir - Fut. s. de l'ind. Vous .... une solution.
- Cond. prés. J' .... une solution.
- Fut. ant. de l'ind. Tu .... une solution.

prévoir - Impér. prés. 2^{e}PS .... des boissons.
2^{e}PP .... des boissons.
- Subj. prés. Il faut que tu .... des boissons.
Il faut que nous .... des boissons.

C. Le verbe SAVOIR.

Prés. de l'ind. Je .... parler anglais.
Ils .... parler anglais.
Imparf. de l'ind. Tu .... parler anglais.
Pas. simp. de l'ind. Elle .... parler anglais.
Fut. s. de l'ind. Nous .... parler anglais.
Cond. prés. Tu .... parler anglais.
Pas. comp. de l'ind. Vous .... parler anglais.
Impér. prés. 2^{e}PS .... parler anglais.
1^{ère}PP .... parler anglais.
Subj. prés. Il faut qu' elles .... parler anglais.

Verbes en -OIR

D. Le verbe DEVOIR.

Accorde les verbes aux temps indiqués.

Prés. de l'ind.	Tu .... attendre le train.
	Vous .... attendre le train.
	Elles .... attendre le train.
Imparf. de l'ind.	Je .... attendre le train.
Pas. simp. de l'ind.	Nous .... attendre le train.
	Elle .... attendre le train.
Pl.-q.-parf. de l'ind.	Elles .... attendre le train.
Fut. s. de l'ind.	Je .... attendre le train.
Cond. prés.	Vous .... attendre le train.
Pas. comp. de l'ind.	Ils .... attendre le train.

E. Le verbe POUVOIR.

Prés. de l'ind.	Je .... regarder ce film.
	Nous .... regarder ce film.
	Elles .... regarder ce film.
Imparf. de l'ind.	Il .... regarder ce film.
Pas. s. de l'ind.	Elle .... regarder ce film.
	Ils .... regarder ce film.
Fut. simp. de l'ind.	Tu .... regarder ce film.
Cond. prés.	Vous .... regarder ce film.
Pas. comp. de l'ind.	Ils .... regarder ce film.
Pl.-q.-parf. de l'ind.	Nous .... regarder ce film.
Subj. prés.	Il faut que tu .... regarder ce film.

Verbes en -OIR

F. Le verbe VOULOIR.

Accorde les verbes aux temps indiqués.

Prés. de l'ind.	Je .... du pain frais.
	Vous .... du pain frais.
Imparf. de l'ind.	Il .... du pain frais.
Pas. simp. de l'ind.	Tu .... du pain frais.
Fut. s. de l'ind.	Je .... du pain frais.
Pas. comp. de l'ind.	Il .... du pain frais.
Pl.-q.-parf. de l'ind.	Elle .... du pain frais.
Subj. prés.	Il faut que tu .... du pain frais.
	Il faut que nous .... du pain frais.

G. Le verbe S'ASSEOIR.

Prés. de l'ind.	Elle .... sur le banc.
	Vous .... sur le banc.
Imparf. de l'ind.	Elle .... sur le banc.
	Nous .... sur le banc.
Pas. simp. de l'ind.	Elle .... sur le banc.
Fut. s. de l'ind.	Tu .... sur le banc.
Cond. prés.	Elles .... sur le banc.
Pas. comp. de l'ind.	Il .... sur le banc.
Impér. prés.	2ᵉPP .... sur le banc.
Subj. prés.	Il faut que je.................................. sur le banc.
	Il faut que nous ....sur le banc.

Verbes en -OIR

H. Le verbe PLEUVOIR.
Accorde les verbes aux temps indiqués.

Prés. de l'ind.	Il ....
Imparf. de l'ind.	Il ....
Pas. simp. de l'ind.	Il ....
Fut. s. de l'ind.	Il ....
Pas. comp. de l'ind.	Il ....
Subj. prés.	Il faut qu'il ....

Verbes en -OIRE

A. Le verbe CROIRE.
Accorde les verbes aux temps indiqués.

Prés. de l'ind.	Tu .... ce qu'il dit.
	Nous .... ce qu'il dit.
	Elles .... ce qu'il dit.
Imparf. de l'ind.	Nous .... ce qu'il disait.
Pas. simp. de l'ind.	Elles .... ce qu'il dit.
Fut. s. de l'ind.	Je .... ce qu'il dira.
Cond. prés.	Vous .... ce qu'il dirait.
Pas. comp. de l'ind.	Tu .... ce qu'il a dit.
Impér. prés.	2^{e}PS .... ce qu'il dit.
	2^{e}PP .... ce qu'il dit.
Subj. prés.	Il faut qu'il .... ce qu'il dit.
	Il faut que vous .... ce qu'il dit.

B. Le verbe BOIRE.

Prés. de l'ind.	Je .... beaucoup d'eau.
	Nous .... beaucoup d'eau.
	Elles .... beaucoup d'eau.
Imparf. de l'ind.	Nous .... beaucoup d'eau.
Pas. simp. de l'ind.	Ils .... beaucoup d'eau.
Fut. s. de l'ind.	Tu .... beaucoup d'eau.
Cond. prés.	Vous .... beaucoup d'eau.
Pas. comp. de l'ind.	Nous .... beaucoup d'eau.
Impér. prés.	2^{e}PS .... beaucoup d'eau.
	2^{e}PP .... beaucoup d'eau.

Verbes en -AÎTRE comme CONNAÎTRE, PARAÎTRE...

Accorde les verbes aux temps indiqués.

connaître - Prés. de l'ind. Il .... le résultat.

Elles .... le résultat.

- Imparf. de l'ind. Tu ....le résultat.

- Pas. simp. de l'ind. Il .... le résultat.

- Fut. s. de l'ind. Elle .... le résultat.

paraître - Pas. comp. de l'ind. Le journal .... ce matin.

disparaître - Cond. prés. Elle .... soudainement.

reconnaître - Pas. comp. de l'ind. Tu .... la personne.

- Impér. prés. 2ePS .... la personne.

2ePP .... la personne.

- Subj. prés. Il faut qu'elle .... la personne.

Les verbes en -DRE

A. Les verbes avec PRENDRE : PRENDRE, APPRENDRE, COMPRENDRE...
Accorde les verbes aux temps indiqués.

prendre - Prés. de l'ind.	Je .... un fruit.
	Il .... un fruit.
	Vous .... un fruit.
surprendre - Imparf. de l'ind.	Elle .... ses amies.
- Pas. simp. de l'ind.	Nous .... nos amies.
apprendre - Fut. s. de l'ind.	Tu .... le néerlandais.
- Cond. prés.	Elle .... le néerlandais.
- Pas. comp. de l'ind.	Nous .... le néerlandais.
- Fut. ant. de l'ind.	Ils .... le néerlandais.
comprendre - Impér. prés.	2ePS .... la leçon.
- Subj. prés.	Il faut que vous .... la leçon.

B. Les verbes CRAINDRE, PEINDRE, JOINDRE.

craindre - Prés. de l'ind.	Elle .... le gel.
	Nous .... le gel.
- Imparf. de l'ind.	Je .... le gel.
	Vous .... le gel.
- Pas. simp. de l'ind.	Elles .... le gel.
peindre - Fut. s. de l'ind.	Tu .... un paysage.
- Pl.-q.-parf. de l'ind.	Nous .... un paysage.
rejoindre - Impér. prés.	2ePS .... la route.
	2ePP .... la route.
- Subj. prés.	Il faut que vous .... la route.

C. Les autres verbes en -DRE : VENDRE, DÉFENDRE, (AT)TENDRE, PERDRE, MORDRE, TONDRE. Accorde les verbes aux temps indiqués.

vendre - Prés. de l'ind.	Je .... des meubles.
	Elles .... des meubles.
défendre - Imparf. de l'ind.	Il .... son idée.
attendre - Pas. simp. de l'ind.	Elles .... la venue du printemps.
tendre - Fut. s. de l'ind.	Vous .... le fil.
perdre - Cond. prés.	Nous .... la confiance.
mordre - Pas. comp. de l'ind.	Le poisson .... à l'hameçon.
tordre - Impér. prés.	2^ePS .... le linge.
- Impér. pas.	2^ePP .... le linge.
tondre - Subj. prés.	Il faut qu'elle .... la pelouse.

D. Le verbe COUDRE.

Prés. de l'ind.	Je .... l'ourlet.
	Il .... l'ourlet.
	Vous .... l'ourlet.
Imparf. de l'ind.	Nous .... l'ourlet.
Pas. simp. de l'ind.	Elles .... l'ourlet.
Fut. s. de l'ind.	Nous .... l'ourlet.
Cond. prés.	Je .... l'ourlet.
Pas. comp. de l'ind.	Ils .... l'ourlet.
Impér. prés.	2^ePS .... l'ourlet.
	2^ePP .... l'ourlet.
Subj. prés.	Il faut que tu .... l'ourlet.

Les verbes comme METTRE, ADMETTRE, PERMETTRE, PROMETTRE...

Accorde les verbes aux temps indiqués.

mettre - Prés. de l'ind. Tu .... du sel.
Vous .... du sel.
- Imparf. de l'ind. Elle .... du sel.
- Pas. simp. de l'ind. Nous .... du sel.

promettre - Fut. s. de l'ind. Je .... de l'aider.
- Pl.-q.-parf. de l'ind. Nous .... de l'aider.
- Pas. comp. de l'ind. Elles ....de l'aider.

transmettre - Impér. prés. 2^{e}PS .... le message.
2^{e}PP .... le message.
- Subj. prés. Il faut qu'ils .... le message.

Le verbe VIVRE

Prés. de l'ind. Je .... en ville.
Il .... en ville.
Nous .... en ville.

Imparf. de l'ind. Vous .... en ville.
Pas. simp. de l'ind. Elles .... en ville.
Pl.-q.-parf. de l'ind. Il .... en ville.
Fut. s. de l'ind. Je .... en ville.
Cond. prés. Tu .... en ville.
Pas. comp. de l'ind. Ils .... en ville.
Impér. prés. 2^{e}PS .... en ville.
2^{e}PP .... en ville.
Subj. prés. Il faut que tu .... en ville.

Le verbe (se) BATTRE

Accorde les verbes aux temps indiqués.

Prés. de l'ind.	Je ne .... pas.
	Il ne .... pas.
	Nous ne .... pas.
Imparf. de l'ind.	Ils ne .... pas.
Pas. simp. de l'ind.	Elle ne .... pas.
Fut. s. de l'ind.	Tu ne .... pas.
Cond. prés.	Il ne .... pas.
Pas. comp. de l'ind.	Nous ne .... pas ....
Impér. prés.	2^{e}PS Ne .... pas.
	2^{e}PP Ne .... pas.
Subj. prés.	Il ne faut pas que tu ....

Le verbe (se) TAIRE

Prés. de l'ind.	Tu te .... au cinéma.
	Il .... au cinéma.
	Vous .... au cinéma.
Imparf. de l'ind.	Je .... au cinéma.
Pas. simp. de l'ind.	Nous .... au cinéma.
	Elles .... au cinéma.
Fut. s. de l'ind.	Vous .... au cinéma.
Cond. prés.	Il .... au cinéma.
Pas. comp. de l'ind.	Elles .... au cinéma.
Fut. ant. de l'ind.	Elle .... au cinéma.
Impér. prés.	2^{e}PS .... au cinéma.
	2^{e}PP .... au cinéma.
Subj. prés.	Il faut que nous .... au cinéma.

Le verbe suivre (poursuivre)

Accorde les verbes aux temps indiqués.

suivre - Prés. de l'ind. Je .... les indications.
Vous .... les indications.
- Imparf. de l'ind. Je .... les indications.
- Pas. simp. de l'ind. Nous .... les indications.
Elles .... les indications.
- Fut. s. de l'ind. Vous .... les indications.

poursuivre - Cond. prés. Il .... le récit.
- Pas. comp. de l'ind. Elles .... le récit.
- Fut. ant. de l'ind. Elle .... le récit.
- Impér. prés. 2ePS .... le récit.
2ePP .... le récit.
- Subj. prés. Il faut que nous .... le récit.

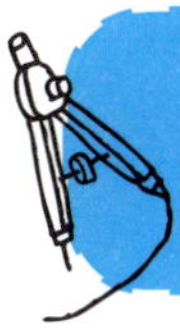

Le verbe (re)naître

renaître - Prés. de l'ind. La végétation ....au printemps.
Les fleurs .... au printemps.
- Imparf. de l'ind. Les fleurs ....au printemps.
- Fut. s. de l'ind. La végétation .... au printemps.

naître - Pas. comp. de l'ind. Il .... au printemps.
Elles ....au printemps.
- Pas. simp. de l'ind. Il .... au printemps.
Elles .... au printemps.
- Fut. ant. de l'ind. Elle ....au printemps.
- Subj. prés. Il faut qu'ils.................................. en mai.

Brassage des verbes et des temps

Accorde le verbe PARAÎTRE aux temps indiqués.

Présent de l'ind.

Tu .... en bonne forme.

Elle .... en bonne forme.

Vous .... en bonne forme.

Imparfait de l'ind.

Il .... en bonne forme.

Nous .... en bonne forme.

Fut. s. de l'ind. :

Elle .... en bonne forme.

Vous .... en bonne forme.

Pas. s. de l'ind. :

Je .... en bonne forme.

Vous .... en bonne forme.

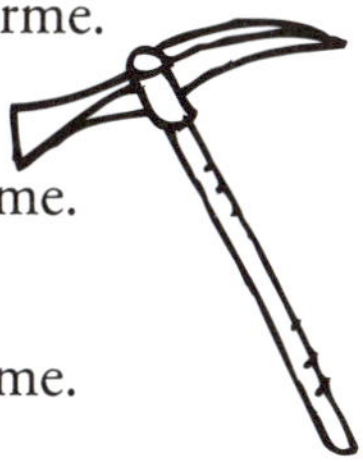

Cond. prés. :

Elle .... en bonne forme.

Pas. comp. de l'ind. :

Elle .... en bonne forme.

Plus-que-parfait de l'ind. :

Vous .... en bonne forme.

Impératif prés. :

2e pers. sing. : .... en bonne forme.

1ère pers. plur. : .... en bonne forme.

2e pers. plur. : .... en bonne forme.

Subj. présent : Il faut que

tu .... en bonne forme.

nous .... en bonne forme.

Brassage des verbes et des temps

B. Accorde le verbe S'ASSEOIR aux temps indiqués.

Présent de l'ind.

Je .... sur un banc.

Nous .... sur un banc.

Elles .... sur un banc.

Imparfait de l'ind.

Je .... sur un banc.

Vous .... sur un banc.

Fut. s. de l'ind. :

Tu .... sur un banc.

Elles .... sur un banc.

Pas. s. de l'ind. :

Il .... sur un banc.

Nous .... sur un banc.

Cond. prés. :

Vous .... sur un banc.

Pas. comp. de l'ind. :

Elle .... sur un banc.

Plus-que-parfait de l'ind. :

Ils .... sur un banc.

Impératif prés. :

2e pers. sing. : .... sur un banc.

1ère pers. plur. : .... sur un banc.

2e pers. plur. : .... sur un banc.

Subj. présent. : Il faut que

tu .... sur un banc.

vous .... sur un banc.

Brassage des verbes et des temps

C. Accorde le verbe SE BAIGNER aux temps indiqués.

Présent de l'ind.

Tu .... dans la piscine.

Nous .... dans la piscine.

Ils .... dans la piscine.

Imparfait de l'ind.

Je .... dans la piscine.

Vous .... dans la piscine.

Fut. s. de l'ind. :

Tu .... dans la piscine.

Ils .... dans la piscine.

Pas. s. de l'ind. :

Je .... dans la piscine.

Nous .... dans la piscine.

Cond. prés. :

Elle .... dans la piscine.

Pas. comp. de l'ind. :

Elle .... dans la piscine.

Futur antérieur de l'ind. :

Ils .... dans la piscine.

Impératif prés. :

2e pers. sing. : .... dans la piscine.

1ère pers. plur. : .... dans la piscine.

2e pers. plur. : .... dans la piscine.

Subj. présent. : Il faut que

je .... dans la piscine.

nous .... dans la piscine.

Brassage des verbes et des temps

D. Accorde le verbe NE PAS ENNUYER aux temps indiqués.

Présent de l'ind.

Je .... les autres.

Vous .... les autres.

Ils .... les autres.

Imparfait de l'ind.

Tu .... les autres.

Nous .... les autres.

Fut. s. de l'ind. :

Je .... les autres.

Vous .... les autres.

Pas. s. de l'ind. :

Tu .... les autres.

Elles .... les autres.

Cond. prés. :

Il .... les autres.

Pas. comp. de l'ind. :

Je .... les autres.

Plus-que-parfait de l'ind. :

Vous .... les autres.

Impératif prés. :

2e pers. sing. : .... les autres.

1ère pers. plur. : .... les autres.

2e pers. plur. : .... les autres.

Subj. présent. : Il ne faut pas que

tu .... les autres.

nous .... les autres.

Brassage des verbes et des temps

E. Accorde le verbe ESSAYER aux temps indiqués.

Présent de l'ind.

Tu .... un nouveau vélo.

Elle .... un nouveau vélo.

Vous .... un nouveau vélo.

Imparfait de l'ind.

Il .... un nouveau vélo.

Vous .... un nouveau vélo.

Fut. s. de l'ind. :

J' .... un nouveau vélo.

Elles .... un nouveau vélo.

Pas. s. de l'ind. :

Tu .... un nouveau vélo.

Vous .... un nouveau vélo.

Cond. prés. :

Tu .... un nouveau vélo.

Pas. comp. de l'ind. :

Elle .... un nouveau vélo.

Futur antérieur de l'ind. :

Tu .... un nouveau vélo.

Impératif prés. :

2e pers. sing. : .... un nouveau vélo.

1ère pers. plur. : .... un nouveau vélo.

2e pers. plur. : .... un nouveau vélo.

Subj. présent. : Il faut que

tu .... un nouveau vélo.

nous .... un nouveau vélo.

Brassage des verbes et des temps

F. Accorde le verbe ÉTEINDRE aux temps indiqués.

Présent de l'ind.

Elle .... la bougie.

Vous .... la bougie.

Elles .... la bougie.

Imparfait de l'ind.

Tu .... la bougie.

Nous .... la bougie.

Fut. s. de l'ind. :

J' .... la bougie.

Nous .... la bougie.

Pas. s. de l'ind. :

Il .... la bougie.

Elles .... la bougie.

Cond. prés. :

Tu .... la bougie.

Pas. comp. de l'ind. :

Vous .... la bougie.

Plus-que-parfait de l'ind. :

Tu .... la bougie.

Impératif prés. :

2e pers. sing. : .... la bougie.

1ère pers. plur. : .... la bougie.

2e pers. plur. : .... la bougie.

Subj. présent. : Il faut que

nous .... la bougie.

vous .... la bougie.

Brassage des verbes et des temps

G. Accorde le verbe VIVRE aux temps indiqués.

Présent de l'ind. :

Je .... en ville.

Tu .... en ville.

Vous .... en ville.

Imparfait de l'ind.

Elle .... en ville.

Nous .... en ville.

Fut. s. de l'ind. :

Je .... en ville.

Nous .... en ville.

Pas. s. de l'ind. :

Je .... en ville.

Elles .... en ville.

Cond. prés. :

Tu .... en ville.

Pas. comp. de l'ind. :

J' .... en ville.

Plus-que-parfait de l'ind. :

Elles .... en ville.

Impératif prés. :

2e pers. sing. : .... en ville.

1ère pers. plur. : .... en ville.

2e pers. plur. : .... en ville.

Subj. présent. : Il faut que/qu'

tu .... en ville.

elles .... en ville.

Brassage des verbes et des temps

11. Accorde le verbe PESER aux temps indiqués.

Présent de l'ind.

Tu .... les oranges.

Vous .... les oranges.

Ils .... les oranges.

Imparfait de l'ind.

Je .... les oranges.

Vous .... les oranges.

Fut. s. de l'ind. :

Tu .... les oranges.

Nous .... les oranges.

Pas. s. de l'ind. :

Je .... les oranges.

Nous .... les oranges.

Cond. prés. :

Elle .... les oranges.

Pas. comp. de l'ind. :

Vous .... les oranges.

Futur antérieur de l'ind. :

Tu .... les oranges.

Impératif prés. :

2e pers. sing. : .... les oranges.

1ère pers. plur. : .... les oranges.

2e pers. plur. : .... les oranges.

Subj. présent. : Il faut que

tu .... les oranges.

vous .... les oranges.

Brassage des verbes et des temps

1. Accorde le verbe ESPÉRER aux temps indiqués.

Présent de l'ind.

J' .... du beau temps.
Vous .... du beau temps.
Elles .... du beau temps.

Imparfait de l'ind.

Tu .... du beau temps.
Ils .... du beau temps.

Fut. s. de l'ind. :

J' .... du beau temps.
Vous .... du beau temps.

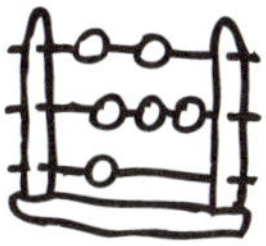

Pas. s. de l'ind. :

Elle .... du beau temps.
Vous .... du beau temps.

Cond. prés. :

Nous .... du beau temps.

Pas. comp. de l'ind. :

Vous .... du beau temps.

Plus-que-parfait de l'ind. :

Nous .... du beau temps.

Impératif prés. :

2e pers. sing. : .... du beau temps.
1ère pers. plur. : .... du beau temps.
2e pers. plur. : .... du beau temps.

Subj. présent. : Il faut que/qu'

elle .... du beau temps.
nous .... du beau temps.

Brassage des verbes et des temps

J. Accorde le verbe CUIRE aux temps indiqués.

Présent de l'ind.

Je .... des pâtes.

Il .... des pâtes.

Nous .... des pâtes.

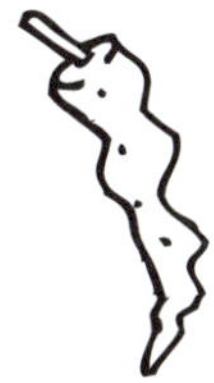

Imparfait de l'ind.

Tu .... des pâtes.

Elles .... des pâtes.

Fut. s. de l'ind. :

Je .... des pâtes.

Nous .... des pâtes.

Pas. s. de l'ind. :

Tu .... des pâtes.

Elles .... des pâtes.

Cond. prés. :

Il .... des pâtes.

Pas. comp. de l'ind. :

J' .... des pâtes.

Plus-que-parfait de l'ind. :

Nous .... des pâtes.

Impératif prés. :

2e pers. sing. : .... des pâtes.

1ère pers. plur. : .... des pâtes.

2e pers. plur. : .... des pâtes.

Subj. présent. : Il faut que

tu .... des pâtes.

nous .... des pâtes.

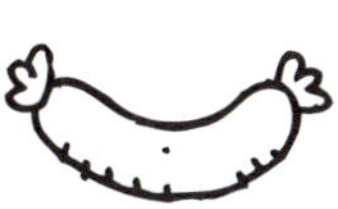

Brassage des verbes et des temps

K. Accorde le verbe CRIER aux temps indiqués.

Présent de l'ind.

Tu .... pour appeler.

Elle .... pour appeler.

Nous .... pour appeler.

Imparfait de l'ind.

Je .... pour appeler.

Vous .... pour appeler.

Fut. s. de l'ind. :

Il .... pour appeler.

Nous .... pour appeler.

Pas. s. de l'ind. :

Je .... pour appeler.

Vous .... pour appeler.

Cond. prés. :

Ils .... pour appeler.

Pas. comp. de l'ind. :

Tu .... pour appeler.

Futur antérieur de l'ind. :

Nous .... pour appeler.

Impératif prés. :

2e pers. sing. : .... pour appeler.

1ère pers. plur. : .... pour appeler.

2e pers. plur. : .... pour appeler.

Subj. présent. : Il faut que/qu'

il .... pour appeler.

vous .... pour appeler.

Brassage des verbes et des temps

L. Accorde le verbe ACHETER aux temps indiqués.

Présent de l'ind.

Elle .... un dictionnaire.

Nous .... un dictionnaire.

Elles .... un dictionnaire.

Imparfait de l'ind.

J' .... un dictionnaire.

Ils .... un dictionnaire.

Fut. s. de l'ind. :

Tu .... un dictionnaire.

Nous .... un dictionnaire.

Pas. s. de l'ind. :

Il .... un dictionnaire.

Elles .... un dictionnaire.

Cond. prés. :

Vous .... un dictionnaire.

Pas. comp. de l'ind. :

J' .... un dictionnaire.

Plus-que-parfait de l'ind. :

Tu .... un dictionnaire.

Impératif prés. :

2e pers. sing. : .... un dictionnaire.

1ère pers. plur. : .... un dictionnaire.

2e pers. plur. : .... un dictionnaire.

Subj. présent. : Il faut que

tu .... un dictionnaire.

vous .... un dictionnaire.

Brassage des verbes et des temps

M. Accorde le verbe S'ÉMERVEILLER aux temps indiqués.

Présent de l'ind.

Je .... devant cette peinture.

Vous .... devant cette peinture.

Ils .... devant cette peinture.

Imparfait de l'ind.

Tu .... devant cette peinture.

Vous .... devant cette peinture.

Fut. s. de l'ind. :

Je .... devant cette peinture.

Nous .... devant cette peinture.

Pas. s. de l'ind. :

Il .... devant cette peinture.

Elles .... devant cette peinture.

Cond. prés. :

Nous .... devant cette peinture.

Pas. comp. de l'ind. :

Elle .... devant cette peinture.

Plus-que-parfait de l'ind. :

Ils .... devant cette peinture.

Impératif prés. :

2e pers. sing. : .... devant cette peinture.

1ère pers. plur. : .... devant cette peinture.

2e pers. plur. : .... devant cette peinture.

Subj. présent. : Il faut que

je .... devant cette peinture.

vous .... devant cette peinture.

Brassage des verbes et des temps

N. Accorde le verbe APPELER aux temps indiqués.

Présent de l'ind.

Tu .... un copain.

Nous .... un copain.

Elles .... un copain.

Imparfait de l'ind.

J' .... une copine.

Vous .... une copine.

Fut. s. de l'ind. :

Tu .... un copain.

Ils .... un copain.

Pas. s. de l'ind. :

Tu .... une copine.

Vous .... une copine.

Cond. prés. :

Nous .... un copain.

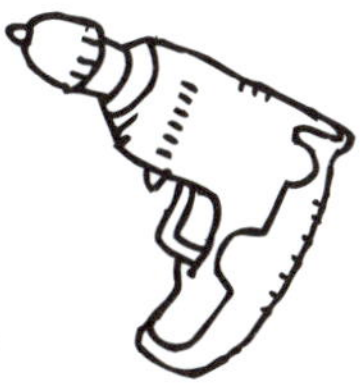

Pas. comp. de l'ind. :

J' .... une copine.

Futur antérieur de l'ind. :

Nous .... une copine.

Impératif prés. :

2e pers. sing. : .... un copain.

1ère pers. plur. : .... un copain.

2e pers. plur. : .... un copain.

Subj. présent. : Il faut que/qu'

tu .... une copine.

ils .... une copine.

Brassage des verbes et des temps

O. Accorde le verbe JETER aux temps indiqués.

Présent de l'ind.

Je .... les déchets dans une poubelle.

Vous .... les déchets dans une poubelle.

Elles .... les déchets dans une poubelle.

Imparfait de l'ind.

Tu .... les déchets dans une poubelle.

Nous .... les déchets dans une poubelle.

Fut. s. de l'ind. :

Tu .... les déchets dans une poubelle.

Vous .... les déchets dans une poubelle.

Pas. s. de l'ind. :

Il .... les déchets dans une poubelle.

Vous .... les déchets dans une poubelle.

Cond. prés. :

Je .... les déchets dans une poubelle.

Pas. comp. de l'ind. :

Tu .... les déchets dans une poubelle.

Plus-que-parfait de l'ind. :

Elles .... les déchets dans une poubelle.

Impératif prés. :

2e pers. sing. : .... les déchets dans une poubelle.

1ère pers. plur. : .... les déchets dans une poubelle.

2e pers. plur. : .... les déchets dans une poubelle.

Subj. présent. : Il faut que/qu'

nous .... les déchets dans une poubelle.

ils .... les déchets dans une poubelle.

Brassage des verbes et des temps

P. Accorde le verbe ALLER aux temps indiqués.

Présent de l'ind.

Je .... à la plage.
Tu .... à la plage.
Vous .... à la plage.

Imparfait de l'ind.

Elle .... à la plage.
Nous .... à la plage.

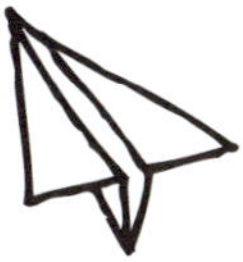

Fut. s. de l'ind. :

J' .... à la plage.
Vous .... à la plage.

Pas. s. de l'ind. :

J' .... à la plage.
Nous .... à la plage.

Cond. prés. :

Elle .... à la plage.

Pas. comp. de l'ind. :

Il .... à la plage.

Plus-que-parfait de l'ind. :

Elles .... à la plage.

Impératif prés. :

2e pers. sing. : .... à la plage.
1ère pers. plur. : .... à la plage.
2e pers. plur. : .... à la plage.

Subj. présent. : Il faut que

tu .... à la plage.
vous .... à la plage.

Brassage des verbes et des temps

Q. Accorde le verbe DÉFAIRE aux temps indiqués.

Présent de l'ind.

Tu .... le nœud.

Vous .... le nœud.

Ils .... le nœud.

Imparfait de l'ind.

Je .... le nœud.

Nous .... le nœud.

Fut. s. de l'ind. :

Tu .... le nœud.

Vous .... le nœud.

Pas. s. de l'ind. :

Elle .... le nœud.

Nous .... le nœud.

Cond. prés. :

Ils .... le nœud.

Pas. comp. de l'ind. :

J' .... le nœud.

Futur antérieur de l'ind. :

Nous .... le nœud.

Impératif prés. :

2ᵉ pers. sing. : .... le nœud.

1ère pers. plur. : .... le nœud.

2ᵉ pers. plur. : .... le nœud.

Subj. présent. : Il faut que

je .... le nœud.

vous .... le nœud.

Brassage des verbes et des temps

R. Accorde le verbe VOULOIR aux temps indiqués.

Présent de l'ind.

Tu .... réussir.

Elle .... réussir.

Nous .... réussir.

Imparfait de l'ind.

Je .... réussir.

Ils .... réussir.

Fut. s. de l'ind. :

Tu .... réussir.

Vous .... réussir.

Pas. s. de l'ind. :

Je .... réussir.

Ils .... réussir.

Cond. prés. :

Elle .... réussir.

Pas. comp. de l'ind. :

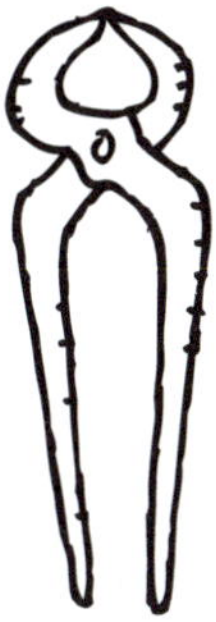

Nous .... réussir.

Plus-que-parfait de l'ind. :

Elles .... réussir.

Subj. présent. : Il faut que

tu .... réussir.

nous .... réussir.

Brassage des verbes et des temps

S. Accorde le verbe DEVENIR aux temps indiqués.

Présent de l'ind.

Tu .... un bon joueur.

Elle .... une bonne joueuse.

Nous .... de bons joueurs.

Imparfait de l'ind.

Tu .... une bonne joueuse.

Ils .... de bons joueurs.

Fut. s. de l'ind. :

Je .... un bon joueur.

Elles .... de bonnes joueuses.

Pas. s. de l'ind. :

Je .... un bon joueur.

Vous .... de bons joueurs.

Cond. prés. :

Nous .... de bons joueurs.

Pas. comp. de l'ind. :

Elle .... une bonne joueuse.

Plus-que-parfait de l'ind. :

Ils .... de bons joueurs.

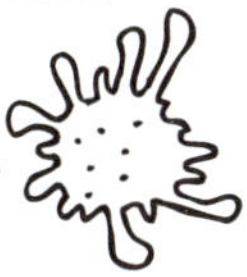

Impératif prés. :

2e pers. sing. : .... un bon joueur.

1ère pers. plur. : .... de bons joueurs.

2e pers. plur. : .... de bonnes joueuses.

Subj. présent. : Il faut que

tu .... une bonne joueuse.

vous .... de bonnes joueuses.

Brassage des verbes et des temps

T. Accorde le verbe VOIR aux temps indiqués.

Présent de l'ind.

Je .... un ULM.

Vous .... un ULM.

Elles .... un ULM.

Imparfait de l'ind.

Je .... un ULM.

Ils .... un ULM.

Fut. s. de l'ind. :

Tu .... un ULM.

Nous .... un ULM.

Pas. s. de l'ind. :

Je .... un ULM.

Nous .... un ULM.

Cond. prés. :

Elle .... un ULM.

Pas. comp. de l'ind. :

Tu .... un ULM.

Futur antérieur de l'ind. :

Vous .... un ULM.

Impératif prés. :

2e pers. sing. : .... un ULM.

1ère pers. plur. : .... un ULM.

2e pers. plur. : .... un ULM.

Subj. présent. : Il faut que

il .... un ULM.

nous .... un ULM.

Brassage des verbes et des temps

V. Accorde le verbe RENVOYER aux temps indiqués.

Présent de l'ind.

Tu .... le ballon.

Il .... le ballon.

Nous .... le ballon.

Imparfait de l'ind.

Je .... le ballon.

Vous .... le ballon.

Fut. s. de l'ind. :

Il .... le ballon.

Elles .... le ballon.

Pas. s. de l'ind. :

Je .... le ballon.

Nous .... le ballon.

Cond. prés. :

Tu .... le ballon.

Pas. comp. de l'ind. :

J' .... le ballon.

Plus-que-parfait de l'ind. :

Nous .... le ballon.

Impératif prés. :

2e pers. sing. : .... le ballon.

1ère pers. plur. : .... le ballon.

2e pers. plur. : .... le ballon.

Subj. présent. : Il faut que

tu .... le ballon.

vous .... le ballon.

Brassage des verbes et des temps

V. Accorde le verbe S'HABILLER aux temps indiqués.

Présent de l'ind.

Je .... chaudement.

Nous .... chaudement.

Elles .... chaudement.

Imparfait de l'ind.

Tu .... chaudement.

Vous .... chaudement.

Fut. s. de l'ind. :

Elle .... chaudement.

Nous .... chaudement.

Pas. s. de l'ind. :

Je .... chaudement.

Vous .... chaudement.

Cond. prés. :

Tu .... chaudement.

Pas. comp. de l'ind. :

Elle .... chaudement.

Futur antérieur de l'ind. :

Ils .... chaudement.

Impératif prés. :

2e pers. sing. : .... chaudement.

1ère pers. plur. : .... chaudement.

2e pers. plur. : .... chaudement.

Subj. présent. : Il faut que

tu .... chaudement.

vous .... chaudement.

Brassage des verbes et des temps

W. Accorde le verbe NETTOYER aux temps indiqués.

Présent de l'ind.

Tu .... les légumes.

Nous .... les légumes.

Ils .... les légumes.

Imparfait de l'ind.

Je .... les légumes.

Vous .... les légumes.

Fut. s. de l'ind. :

Je .... les légumes.

Nous .... les légumes.

Pas. s. de l'ind. :

Tu .... les légumes.

Elles .... les légumes.

Cond. prés. :

Tu .... les légumes.

Pas. comp. de l'ind. :

J' .... les légumes.

Plus-que-parfait de l'ind. :

Elle .... les légumes.

Impératif prés. :

2e pers. sing. : .... les légumes.

1ère pers. plur. : .... les légumes.

2e pers. plur. : .... les légumes.

Subj. présent. : Il faut que

je .... les légumes.

nous .... les légumes.

Brassage des verbes et des temps

X. Accorde le verbe CUEILLIR aux temps indiqués.

Présent de l'ind.

Tu .... des fruits.

Nous .... des fruits.

Elles .... des fruits.

Imparfait de l'ind.

Je .... des fruits.

Vous .... des fruits.

Fut. s. de l'ind. :

Nous .... des fruits.

Ils .... des fruits.

Pas. s. de l'ind. :

Tu .... des fruits.

Vous .... des fruits.

Cond. prés. :

Tu .... des fruits.

Pas. comp. de l'ind. :

Elles .... des fruits.

Futur antérieur de l'ind. :

Nous .... des fruits.

Impératif prés. :

2e pers. sing. : .... des fruits.

1ère pers. plur. : .... des fruits.

2e pers. plur. : .... des fruits.

Subj. présent. : Il faut que

tu .... des fruits.

vous .... des fruits.

Brassage des verbes et des temps

Y. Accorde le verbe VENDRE aux temps indiqués.

Présent de l'ind.

Tu .... des jouets.

Elle .... des jouets.

Vous .... des jouets.

Imparfait de l'ind.

Je .... des jouets.

Nous .... des jouets.

Fut. s. de l'ind. :

Elle .... des jouets.

Vous .... des jouets.

Pas. s. de l'ind. :

Tu .... des jouets.

Vous .... des jouets.

Cond. prés. :

Tu .... des jouets.

Pas. comp. de l'ind. :

Ils .... des jouets.

Plus-que-parfait de l'ind. :

Nous .... des jouets.

Impératif prés. :

2e pers. sing. : .... des jouets.

1ère pers. plur. : .... des jouets.

2e pers. plur. : .... des jouets.

Subj. présent. : Il faut que/qu'

tu .... des jouets.

ils .... des jouets.

BROUILLON / NOTES

CORRIGÉS

LE VERBE : conjugué ou à l'infinitif

A. Souligne une fois les verbes conjugués et deux fois les verbes à l'infinitif.

(Le bateau de Robinson est attaqué par des pirates. Il est fait prisonnier et emmené à Salé.) *Les aventures de Robinson Crusoé. D. DEFOE. Casterman 1954*

Les traitements qu'on me fit éprouver ne furent pas si terribles que j'aurais cru, et je ne fus pas emmené avec les autres matelots dans l'intérieur du pays ; le capitaine du corsaire me garda pour sa part de prise. Le changement de ma condition, de marchand je devenais esclave, me plongea dans le désespoir. Mais, hélas ! ce n'était que le début des maux que je devais souffrir.

Deux ans passèrent lorsque se présenta une occasion qui réveilla en moi la pensée de travailler à retrouver ma liberté. Comme mon patron restait à terre et qu'il n'équipait point son vaisseau, faute d'argent, il ne manquait pas, deux ou trois fois la semaine, de sortir avec la grande chaloupe pour pêcher : alors il me prenait avec lui, ainsi qu'un jeune Maure, pour ramer dans le bateau.

Un jour mon patron m'ordonna de charger plusieurs provisions, trois fusils, de la poudre car il recevait des personnes importantes et qu'il voulait les emmener à la pêche et à la chasse. Mais ses hôtes ne vinrent pas. Cependant, il m'ordonna d'aller avec le bateau accompagné du jeune Maure, pour lui prendre du poisson.

Ce moment fit renaître mon intention de sortir de l'esclavage : j'étais sur le point d'avoir un petit vaisseau et dès que mon maître se fut retiré, je me préparai, non pas à une pêche, mais à un voyage, quoique je ne savais pas quelle route je prendrais.

Les personnes de la conjugaison

A. Entoure ce qui convient dans le tableau.

	PERSONNE	NOMBRE
La mer a l'air houleuse.	**3**	**S**
Tu commences de grands travaux.	**2**	**S**
Vous avez de belles photos. (formule de politesse au singulier)	**2**	**S** / **P**
Nous écoutions le vent dans les branches.	**1**	**P**
Elles prirent de la crème fouettée.	**3**	**P**
Toi et moi, travaillerons à ce projet.	**1**	**P**
Je vous offre ces quelques fleurs.	**1**	**S**
Elle et toi dites la même chose.	**2**	**P**
Ils vous ont avertis à temps.	**3**	**P**
Les enfants, vous devez rentrer.	**2**	**P**

B. Relie tout ce qui peut l'être.

- Tu → ouvres le robinet. / visitais le musée.
- Céline → fournira les CD.
- Je → visitais le musée.
- Elle → fournira les CD.
- Vinciane et moi → savourerons une glace.
- Nous → savourerons une glace.
- Les joueurs → se serrent la main.
- Vous → passerez l'aspirateur.

C. Écris le verbe ÉCOUTER au présent de l'indicatif de la personne indiquée.

2ᵉ PS : Tu écoutes — 1ère PP : Nous écoutons

2ᵉ PP : Vous écoutez — 3ᵉ PP : Ils/Elles écoutent

CORRIGÉS

Les temps : les trois moments

A. Classe les verbes des phrases suivantes dans la colonne qui convient.

a) Le pêcheur a préparé sa ligne. Il lance l'hameçon dans l'eau. Attrapera-t-il un poisson ?
b) Tandis que le coureur grimpe, un petit peloton surgit.
c) La voiture a dérapé dans le fossé ; une dépanneuse viendra la charger.
d) Dimanche dernier, elle fit une partie de tennis et la gagna.
e) Les feuilles tombent dans l'allée que j'ai nettoyée.

	PASSÉ	PRÉSENT	FUTUR
a)	il a préparé	il lance	il attrapera
b)		il grimpe, il surgit	
c)	elle a dérapé		elle viendra
d)	elle fit, gagna		
e)	j'ai nettoyée	elles tombent	

B. Trace une croix dans la colonne qui convient.

	PASSÉ	PRÉSENT	FUTUR
Elle était jolie la chèvre de M. Seguin.	X		
Chaque jour, il la conduit dans le pré.		X	
Elle avait tout pour être heureuse.	X		
Mais l'animal veut aller se promener librement.		X	
Un jour, elle s'échappe dans la montagne.		X	
Le loup l'aperçoit.		X	
Le loup la mangera.			X
Pourtant, la chèvre a lutté toute la nuit.	X		

Les temps : les trois moments

C. Relie ce qui va ensemble.

Demain, / Hier, / Le mois prochain,
- Hier, — la grue a soulevé une grosse charge.

Hier, / Maintenant, / Dès demain,
- Dès demain, — tu achèveras tes préparatifs.

Dans une heure, / Hier, / Demain,
- Dans une heure, — nous aurons une nouvelle T.V.
- Demain, — nous aurons une nouvelle T.V.

La semaine dernière, / Toutes les heures, / En ce moment,
- Toutes les heures, — l'infirmière change le pansement.
- En ce moment, — l'infirmière change le pansement.

Dans une semaine, / Hier soir, / Actuellement,
- Hier soir, — il neigeait.

Aujourd'hui, / Le week-end dernier, / Le week-end prochain,
- Le week-end dernier, — nous nous sommes promenés en forêt.

CORRIGÉS

Le présent de l'indicatif (verbes en -ER)

A. Relie ce qui convient.

a) Je	joues dans l'équipe.
Ils	jouent dans l'équipe.
Elle	jouons dans l'équipe.
On	joue dans l'équipe.
Tu	jouez dans l'équipe.

b) C'est toi qui	proposez la devinette.
Nous	proposes la devinette.
Vous	proposent la devinette.
Isa et Tom	propose la devinette.
Clémence et moi	proposons la devinette.

B. Accorde les verbes au présent de l'indicatif.

Tu (ajouter) ....**ajoutes**........... un peu de poivre.
Vous (respirer) ....**respirez**......... profondément.
Je (quitter) ....**quitte**............ la maison à 8 heures.
Les deux frères (accrocher) ....**accrochent**..... les guirlandes.
Lise et moi (visiter) ....**visitons**............ les anciens quartiers.
Elle (attacher) ....**attache**............. un ruban dans ses cheveux.
Je (saler) ....**sale**................ la préparation.
Les ours (hiberner) ....**hibernent**...... en hiver.
Nous (écarter) ....**écartons**......... les branches.
(continuer) ....**Continues**.... -tu ta collection de timbres ?
Ils (rouler) ....**roulent**............. prudemment.
Ludo et toi (préparer) ....**préparez**...... les jeux.
L'arbitre (calmer) ....**calme**............ le joueur énervé.

L'imparfait de l'indicatif (verbes en -ER)

A. Relie ce qui convient.

a) Je	continuions le parcours.
Tu	continuait le parcours.
Elle	continuiez le parcours.
Nous	continuais le parcours.
Vous	continuaient le parcours.

b) Ils	baissions le son.
On	baissait le son.
Julien et Marine	baissaient le son.
Victoria et moi	baissais le son.
C'est toi qui	baissiez le son.

B. Accorde les verbes à l'imparfait de l'indicatif.

Tu (ajouter) ....**ajoutais**........ un peu de poivre.
Vous (respirer) ....**respiriez**...... profondément.
Je (quitter) ....**quittais**....... la maison à 8 heures.
Les deux frères (accrocher) ....**accrochaient** les guirlandes.
Lise et moi (visiter) ....**visitions**.......... les anciens quartiers.
Elle (attacher) ....**attachait**........ un ruban dans ses cheveux.
Je (saler) ....**salais**............ la préparation.
Les ours (hiberner) ....**hibernaient**.. en hiver.
Nous (écarter) ....**écartions**....... les branches.
(continuer) ....**Continuais**.. -tu ta collection de timbres ?
Ils (rouler) ....**roulaient**........ prudemment.
Rachid et toi (préparer) ....**prépariez**....... les jeux.
L'arbitre (calmer) ....**calmait**....... le joueur énervé.

CORRIGÉS

Le futur simple de l'indicatif (verbes en -ER)

A. Relie ce qui convient.

a) J'
Tu
Elle
Lise et moi
Nous
Vous

amuserez les invités.
amuserai les invités.
amuseront les invités.
amuseras les invités.
amuserons les invités.
amusera les invités.

b) Je
Ils
On
Arnaud et Zoé
C'est toi qui
C'est moi qui

planterons des tulipes.
plantera des tulipes.
planteras des tulipes.
planterai des tulipes.
planterez des tulipes.
planteront des tulipes.

B. Accorde les verbes au futur simple de l'indicatif.

Tu (ajouter) ......**ajouteras**.......... un peu de poivre.
Vous (respirer) ......**respirerez**......... profondément.
Je (quitter) .....**quitterai**........ la maison à 8 heures.
Les deux frères (accrocher) ...**accrocheront**... les guirlandes.
Lise et moi (visiter) ....**visiterons**........ les anciens quartiers.
Elle (attacher) ....**attachera**........ un ruban dans ses cheveux.
Je (saler) ....**salerai**.............. la préparation.
(continuer) .....**Continueras**. -tu ta collection de timbres ?
Ils (rouler) ......**rouleront**......... prudemment.
Rachid et toi (préparer) ....**préparerez**. les jeux.
L'arbitre (calmer) ......**calmera**....... le joueur énervé.

Le passé simple de l'indicatif (verbes en -ER)

A. Relie ce qui convient.

a) Je
Tu
Elle
Nous
Vous
Ils

continuas le parcours.
continuai le parcours.
continuâmes le parcours.
continuèrent le parcours.
continuâtes le parcours.
continua le parcours.

b) C'est toi qui
Je
Elle
Chris et Jade
Louise et moi

proposa la devinette.
proposai la devinette.
proposas la devinette.
proposâmes la devinette.
proposèrent la devinette.

B. Accorde les verbes au passé simple de l'indicatif.

Tu (ajouter) ....**ajoutas**......... un peu de poivre.
Je (quitter) ....**quittai**......... la maison à 8 heures.
Les deux frères (accrocher) .....**accrochèrent**... les guirlandes.
Lise et moi (visiter) ....**visitâmes**.... les anciens quartiers.
Elle (attacher) ....**attacha**........... un ruban dans ses cheveux.
Je (saler) ....**salai**..................... la préparation.
Nous (écarter) .....**écartâmes**......... les branches.
(Continuer) ....**Continuas**....... -tu ta collection de timbres ?
Ils (rouler) .....**roulèrent**.......... prudemment.
Rachid et toi (préparer) ......**préparâtes**....... les jeux.
L'arbitre (calmer) ....**calma**........ le joueur énervé.

CORRIGÉS

Le conditionnel présent (verbes en -ER)

A. Relie ce qui convient.

a) J'	arriverait.
Tu	arriveriez.
Il	arriverais.
Nous	arriverions.
Vous	arriveraient.
Elles	

b) Ils	louerait une tondeuse.
On	louerais une tondeuse.
Axel et Carla	loueraient une tondeuse.
Vicky et moi	louerions une tondeuse.
C'est toi qui	loueriez une tondeuse.

B. Accorde les verbes au conditionnel présent.

Tu (ajouter) ......**ajouterais**........ un peu de poivre.
Vous (respirer) .....**respireriez**........ profondément.
Je (quitter) .....**quitterais**...... la maison à 8 heures.
Les deux frères (accrocher) **accrocheraient**. les guirlandes.
Lise et moi (visiter) ....**visiterions**...... les anciens quartiers.
Elle (attacher) ....**attacherait**........ un ruban dans ses cheveux.
Je (saler) ....**salerais**............ la préparation.
Nous (écarter) ......**écarterions**..... les branches.
(Continuer) ...**Continuerais** -tu ta collection de timbres ?
Ils (rouler) ......**rouleraient**...... prudemment.
Rachid et toi (préparer) ....**prépareriez**....... les jeux.

L'impératif présent (verbes en -ER)

A. Accorde correctement les verbes entre parenthèses à l'impératif présent.

Tu parles à quelqu'un... (Exemple : Poste cette lettre.)

(ajouter) ....**Ajoute**......... un peu de poivre.
(respirer) ....**Respire**......... profondément.
(quitter) ....**Quitte**...... la maison à 8 heures.
(accrocher) ....**Accroche**....... les guirlandes.
(visiter) ....**Visite**.......... les anciens quartiers.
(saler) ....**Sale**............ la préparation.
(écarter) ....**Écarte**.......... les branches.
(continuer) ....**Continue**.... ta collection de timbres.
(rouler) ....**Roule**.......... prudemment.
(préparer) ....**Prépare**......... les jeux.
(calmer) ....**Calme**... le joueur énervé.

B. *Tu parles de toi et d'autres personnes... (Exemple : Postons la lettre.)*

(ajouter) ....**Ajoutons**............ un peu de poivre.
(respirer) ....**Respirons**.......... profondément.
(quitter) ......**Quittons**....... la maison à 8 heures.
(accrocher) **Accrochons**......... les guirlandes.
(visiter) ......**Visitons**........... les anciens quartiers.
(saler) ....**Salons**.............. la préparation.
(écarter) ....**Écartons**.............. les branches.
(continuer) **Continuons**.... notre collection de timbres.
(rouler) ......**Roulons**............ prudemment.
(préparer) ...**Préparons**......... les jeux.
(calmer) ....**Calmons**.... le joueur énervé.

CORRIGÉS

L'impératif présent (verbes en -ER)

C. Accorde correctement les verbes entre parenthèses à l'impératif présent.

Tu parles à d'autres personnes... (Exemple : Postez la lettre.)

(ajouter) ....**Ajoutez**.............. un peu de poivre.
(respirer) ....**Respirez**............. profondément.
(quitter) .....**Quittez**........... la maison à 8 heures.
(accrocher) .**Accrochez**............ les guirlandes.
(visiter) ....**Visitez**............... les anciens quartiers.
(saler) ....**Salez**................. la préparation.
(écarter) .....**Écartez**............... les branches.
(continuer) .**Continuez**......... votre collection de timbres.
(rouler) ......**Roulez**............... prudemment.
(préparer) ...**Préparez**............. les jeux.
(calmer) .....**Calmez**........ le joueur énervé.

D. Accorde correctement les verbes à l'impératif présent.

Pour faire un bon cocktail...

a) Tu parles à un ami...

(Verser) ....**Verse**.......... du jus d'orange dans un verre. (Ajouter) ...**Ajoute**.. quelques gouttes de citron. (Poser) ......**Pose**......... une cuillère au ras du liquide et (déposer) ....**dépose**......... tout doucement un peu de sirop de grenadine puis de menthe.

(D'après "Diabolo" n° 69 ; Milan)

b) Tu parles à tes amis... (2e PP)

(Verser) ....**Versez**........ du jus d'orange dans un verre. (Ajouter) ...**Ajoutez** quelques gouttes de citron. (Poser) ......**Posez**....... une cuillère au ras du liquide et (déposer) ....**déposez**....... tout doucement un peu de sirop de grenadine puis de menthe.

Le subjonctif présent (verbes en -ER)

A. Relie ce qui convient.

Il faut que (qu')...

- je → change la pile.
- tu → changes la pile.
- Véronique → change la pile.
- nous → changions la pile.
- vous → changiez la pile.
- ils → changent la pile.

B. Accorde les verbes au subjonctif présent.

Il faut que tu (ajouter) ....**ajoutes**............. un peu de poivre.
Il faut que vous (respirer) ....**respiriez**............. profondément.
Il faut que je (quitter) ....**quitte**........... la maison à 8 heures.
Il faut que les deux frères (accrocher) **accrochent**.... les guirlandes.
Il faut que Lise et moi (visiter) ....**visitions**..... les anciens quartiers.
Il faut qu'elle (attacher) ....**attache**........ un ruban dans ses cheveux.
Il faut que je (saler) ....**sale**................. la préparation.
Il faut que nous (verser) ....**versions**......... le café.
Il faut que nous (écarter) ......**écartions**............ les branches.
Il faut que tu (continuer) .....**continues**.... ta collection de timbres.
Il faut qu' ils (rouler) ....**roulent**......... prudemment.
Il faut que Rachid et toi (préparer) ......**prépariez**......... les jeux.
Il faut que l'arbitre (calmer) ....**calme**....... le joueur énervé.
Il faut que nous (allumer) .....**allumions**...... le four.
Il faut que tu (essorer) ....**essores**............ le linge.
Il faut que je (décorer) ....**décore**.......... la chambre.

CORRIGÉS

Le verbe AVOIR

Accorde le verbe AVOIR aux temps indiqués.

Prés. de l'ind.	J' ....**ai**.......... un pull bleu.
	Tu ....**as**............ un pull bleu.
	Natacha ....**a**................ un pull bleu.
	Nous .....**avons**..... un pull bleu.
	Vous .....**avez**........ un pull bleu.
	Ils ....**ont**.......... un pull bleu.
Imparf. de l'ind.	Tu .....**avais**......... un pull bleu.
Pas. simp. de l'ind.	Elle ....**eut**........... un pull bleu.
	Vous .**eûtes**............ un pull bleu.
	Ils .....**eurent**. un pull bleu.
Fut. s. de l'ind.	Nous **aurons**..... un pull bleu.
Cond. prés.	Vous .**auriez**...... un pull bleu.
Pas. comp. de l'ind.	Elle ...**a eu**.............. un pull bleu.
Pl.-q.-parf. de l'ind.	Tu ....**avais eu**.... un pull bleu.
Subj. prés.	Il faut que j'.........**aie**............ un pull bleu.
	Il faut que tu ....**aies**........... un pull bleu.
	Il faut qu'elle ....**ait**.............. un pull bleu.
	Il faut que nous .....**ayons**....... un pull bleu.
	Il faut que vous .....**ayez**.......... un pull bleu.
	Il faut qu'ils ....**aient**....... un pull bleu.
Impératif prés.	2ᵉ PS ..**Aie**.......... un crayon taillé.
	1ʳᵉ PP ..**Ayons**.... un crayon taillé.
	2ᵉ PP ..**Ayez**....... un crayon taillé.

Le verbe ÊTRE

A. Accorde le verbe ÊTRE aux temps indiqués.

Prés. de l'ind.	Je ....**suis**......... à côté de la voiture.
	Tu ....**es**............... à côté de la voiture.
	Victoria ....**est**.......... à côté de la voiture.
	Nous ....**sommes**.... à côté de la voiture.
	Vous .....**êtes**............. à côté de la voiture.
	Ils ....**sont**........ à côté de la voiture.
Imparf. de l'ind.	Tu ....**étais**........ à côté de la voiture.
	Vous .....**étiez**............ à côté de la voiture.
Pas. simp. de l'ind.	Elle ......**fut**.............. à côté de la voiture.
	Ils ....**furent**.... à côté de la voiture.
Fut. s. de l'ind.	Nous ....**serons**........ à côté de la voiture.
Cond. prés.	Vous .....**seriez**......... à côté de la voiture.
Pl.-q.-parf. de l'ind.	Tu ...**avais été**.... à côté de la voiture.
Pas. comp. de l'ind.	Elle ......**a été**.......... à côté de la voiture.
Subj. prés.	Il faut que je ....**sois**...... à côté de la voiture.
	Il faut que tu ....**sois**...... à côté de la voiture.
	Il faut qu'elle ....**soit**........ à côté de la voiture.
	Il faut que nous ...**soyons** à côté de la voiture.
	Il faut que vous ...**soyez**.... à côté de la voiture.
	Il faut qu'ils ....**soient**. à côté de la voiture.
Impératif prés.	2ᵉ PS ....**Sois**........... à côté de la voiture.
	1ʳᵉ PP ....**Soyons**.... à côté de la voiture.
	2ᵉ PP ....**Soyez**........ à côté de la voiture.

CORRIGÉS

Le passé composé de l'indicatif (verbes en -ER)

A. Relie ce qui convient.

J'	as aidé une amie.
Tu	avez aidé une amie.
Elle	ai aidé une amie.
Nous	ont aidé une amie.
Vous	a aidé une amie.
Ils	avons aidé une amie.

B. Relie ce qui convient.

a) Je	es installé dans le fauteuil.
Elyas, tu	êtes installé(e)s dans le fauteuil.
Elle	suis installé dans le fauteuil.
Il	est installé(e) dans le fauteuil.
Nous	est installée dans le fauteuil.
Vous	sommes installé(e)s dans le fauteuil.

b) Ils	
Elles	sont allés à la patinoire.
Mathieu et Elsa	sont allées à la patinoire.
Déborah et moi	es allée à la patinoire.
C'est toi Lucie qui	sommes allé(e)s à la patinoire.
Romain et Alain	êtes allé(e)s à la patinoire.
Stéphanie et toi	

Le passé composé de l'indicatif (verbes en -ER)

Tu (ajouter) .....**as ajouté**........... un peu de poivre.
Elle (tomber) ...**est tombée**......... dans une flaque d'eau.
Vous (respirer) .**avez respiré**......... profondément.
Les deux frères (accrocher) .....**ont accroché**.. les guirlandes.
Lise et moi (visiter) ....**avons visité**...... les anciens quartiers.
Elle (attacher) ....**a attaché**....... un ruban dans ses cheveux.
J' (saler) ....**ai salé**............. la préparation.
Nous (verser) ...**avons versé**...... le café.
Tu (écarter) .....**as écarté**............ les branches.
J' (continuer) ..**ai continué**..... ma collection de timbres.
Ils (rouler) ....**ont roulé**......... prudemment.
Samuel et toi (préparer) .....**avez préparé**... les jeux.

Le plus-que-parfait de l'indicatif (verbes en -ER)

Tu (ajouter) .....**avais ajouté**..... un peu de poivre.
Elle (tomber) ...**était tombée**...... dans une flaque d'eau.
Vous (respirer) .**aviez respiré**....... profondément.
J' (quitter) ....**avais quitté** la maison à 8 heures.
Les deux frères (accrocher) **avaient accroché** les guirlandes.
Lise et moi (visiter) ......**avions visité**... les anciens quartiers.
Elle (attacher) ..**avait attaché**...... un ruban dans ses cheveux.
J' (saler) ....**avais salé**...... la préparation.
Nous (verser) ...**avions versé**.... le café.
Tu (continuer) .**avais continué** ta collection de timbres.
Ils (rouler) ....**avaient roulé** prudemment.
Samuel et toi (préparer) ..**aviez préparé**..... les jeux.

CORRIGÉS

Le plus-que-parfait de l'indicatif (verbes en -ER)

Vous (respirer) ..**aviez respiré**...... profondément.
Les deux frères (accrocher) **avaient accroché** les guirlandes.
Lise et moi (visiter) .**avions visité**....... les anciens quartiers.
Elle (attacher) **avait attaché**....... un ruban dans ses cheveux.
J' (saler) ....**avais salé**....... la préparation.
Nous (verser) .**avions versé**..... le café.
Tu (écarter) ....**avais écarté**...... les branches.
J' (continuer) .**avais continué** ma collection de timbres.
Ils (rouler) .....**avaient roulé**. prudemment.
Rachid et toi (préparer) ..**aviez préparé**.... les jeux.

Le futur antérieur de l'indicatif (verbes en -ER)

Exemple : J'aurai conjugué des verbes.

Tu (ajouter) ....**auras ajouté**..... un peu de poivre.
Elle (tomber) ..**sera tombée**........ dans une flaque d'eau.
Vous (respirer) **aurez respiré**...... profondément.
J' (quitter) ......**aurai quitté** la maison à 8 heures.
Les deux frères (accrocher) **auront accroché** les guirlandes.
Lise et moi (visiter) .....**aurons visité**... les anciens quartiers.
Elle (attacher) **aura attaché**........ un ruban dans ses cheveux.
Nous (verser) ..**aurons versé**... le café.
Tu (écarter) ....**auras écarté**..... les branches.
J' (continuer) ..**aurai continué** ma collection de timbres.
Rachid et toi (préparer) ...**aurez préparé**.. les jeux.

Le verbe ALLER

A. Accorde le verbe ALLER aux temps indiqués.

Prés. de l'ind.	Je ....**vais**.................. chez un ami.
	Tu ....**vas**..................... chez un ami.
	Elle ......**va**...................... chez un ami.
	Nous ....**allons**................. chez une amie.
	Vous .....**allez**................... chez une amie.
	Ils .....**vont**..................... chez une amie.
Impér. prés.	2ᵉPS ....**Va**.................. chez un ami.
	1ʳᵉPP ......**Allons**............. chez un ami.
	2ᵉPP ......**Allez**................ chez un ami.
Imparf. de l'ind.	Luc et Leila ....**allaient**.... chez un ami.
Fut. s. de l'ind.	Tu ...**iras**....................... chez un ami.
	Elles **iront**...................... chez un ami.
Pas. simp. de l'ind.	J'......**allai**.................... chez une amie.
	Tu ....**allas**..................... chez un ami.
	Il ....**alla**.................... chez une amie.
	Nous ......**allâmes**............ chez un ami.
	Pierre et toi ...**allâtes**................ chez un ami.
	Elles ....**allèrent**............. chez une amie.
Pas. comp. de l'ind.	Elle ....**est allée**........ chez un ami.
	Elle et moi (Natacha) **sommes allées** chez une amie.
Pl.-q.-parf. de l'ind.	Vous **étiez allés/allées**. chez une amie.
Fut. ant. de l'ind.	Je .....**serai allé/allée** chez une amie.
Subj. prés.	Il faut que tu ....**ailles**........... chez une amie.
	Il faut que vous ..**alliez**........... chez une amie.

CORRIGÉS

Le verbe FAIRE

A. Accorde le verbe FAIRE aux temps indiqués.

Prés. de l'ind.	Je **fais**	une balade à vélo.
	Elle **fait**	une balade à vélo.
	Nous **faisons**	une balade à vélo.
	Vous **faites**	une balade à vélo.
	Elles **font**	une balade à vélo.
Imparf. de l'ind.	Il **faisait**	une balade à vélo.
	Vous **faisiez**	une balade à vélo.
Fut. s. de l'ind.	Je **ferai**	une balade à vélo.
	Vous **ferez**	une balade à vélo.
Pas. simp. de l'ind.	Elle **fit**	une balade à vélo.
	Ils **firent**	une balade à vélo.
	Nous **fîmes**	une balade à vélo.
	Vous **fîtes**	une balade à vélo.
Cond. prés.	Vous **feriez**	une balade à vélo.
Pas. comp. de l'ind.	Elles **ont fait**	une balade à vélo.
Pl.-q.-parf. de l'ind.	Nous **avions fait**	une balade à vélo.
Fut. ant. de l'ind.	Tu **auras fait**	une balade à vélo.
Subj. prés.	Il faut que je **fasse**	une balade à vélo.
	Il faut qu'elle **fasse**	une balade à vélo.
Impér. prés.	2ePS **Fais**	une balade à vélo.
	1èrePP **Faisons**	une balade à vélo.
	2ePP **Faites**	une balade à vélo.

Les verbes pronominaux (Ex : se laver)

A. Accorde les verbes aux temps indiqués.

se laver - Prés. de l'ind.	Je **me lave**	les cheveux.
	Elle **se lave**	les cheveux.
	Nous **nous lavons**	les cheveux.
	Vous **vous lavez**	les cheveux.
	Elles **se lavent**	les cheveux.
s'emparer - Imparf. de l'ind.	Tu **t'emparais**	de ton blouson.
	Vous **vous empariez**	de votre blouson.
- Fut. s. de l'ind.	Je **m'emparerai**	de mon blouson.
s'absenter - Pas. simp. de l'ind.	Il **s'absenta**	rarement.
	Elles **s'absentèrent**	rarement.
	Nous **nous absentâmes**	rarement.
	Vous **vous absentâtes**	rarement.
- Cond. prés.	Nous **nous absenterions**	rarement.
- Pas. comp. de l'ind.	Elles **se sont absentées**	rarement.
- Pl.-q.-parf. de l'ind.	Nous **nous étions absenté(e)s**	rarement.
- Fut. ant. de l'ind.	Je **me serai absenté(e)**	rarement.
se retourner - Impér. prés.	2PS **Retourne-toi**	.
	1PP **Retournons-nous**	.
	2PP **Retournez-vous**	.
- Subj. prés.	Il faut que tu **te retournes**	.
	Il faut qu'ils **se retournent**	.

CORRIGÉS

Les verbes du 2e groupe en -IR

A. Accorde les verbes au présent de l'indicatif.

finir	Nous ..**finissons**..... la lecture.
blanchir	Vous ...**blanchissez**....... le linge.
démolir	Je ....**démolis**.......... le vieux mur.
divertir	Tu ...**divertis**......... ton petit frère.
éclaircir	Vous **éclaircissez** le mystère.
fournir	Elle .**fournit**........... la nourriture.
garantir	Ils ....**garantissent**... la qualité du produit.
nourrir	Il .....**nourrit**............. les poissons.
ralentir	Nous ..**ralentissons**.... au croisement.
remplir	Elles **remplissent**..... les cases.
réussir	Je ....**réussis**............ la sauce.

B. Accorde les verbes à l'imparfait de l'indicatif.

finir	Nous .**finissions**..... la lecture.
blanchir	Vous ..**blanchissiez**...... le linge.
démolir	Je ...**démolissais**.. le vieux mur.
divertir	Tu ..**divertissais** ton petit frère.
éclaircir	Vous **éclaircissiez** le mystère.
fournir	Elle **fournissait**... la nourriture.
garantir	Ils ..**garantissaient** la qualité du produit.
guérir	Il ....**guérissait**..... rapidement.
nourrir	Il ....**nourrissait**...... les poissons.
ralentir	Nous .**ralentissions**... au croisement.
remplir	Elles **remplissaient**. les cases.
réussir	Je ...**réussissais**..... la sauce.

Les verbes du 2e groupe en -IR

C. Accorde les verbes au futur simple de l'indicatif.

finir	Nous .**finirons**......... la lecture.
blanchir	Vous ..**blanchirez**.......... le linge.
démolir	Je ....**démolirai**...... le vieux mur.
divertir	Tu ..**divertiras**.... ton petit frère.
éclaircir	Vous **éclaircirez**.... le mystère.
fournir	Elle **fournira**......... la nourriture.
garantir	Ils ...**garantiront**..... la qualité du produit.
guérir	Il ....**guérira**........... rapidement.
nourrir	Il ....**nourrira**........... les poissons.
ralentir	Nous .**ralentirons**...... au croisement.
remplir	Elles **rempliront**....... les cases.
réussir	Je ...**réussirai**......... la sauce.

D. Accorde les verbes au passé simple de l'indicatif.

finir	Nous .**finîmes**......... la lecture.
blanchir	Vous ..**blanchîtes**.......... le linge.
démolir	Je ....**démolis**.......... le vieux mur.
divertir	Tu ...**divertis**......... ton petit frère.
éclaircir	Vous **éclaircîtes**..... le mystère.
fournir	Elle **fournit**........... la nourriture.
garantir	Ils ...**garantirent**...... la qualité du produit.
guérir	Il ....**guérit**............. rapidement.
nourrir	Il ....**nourrit**.............. les poissons.
ralentir	Nous .**ralentîmes**....... au croisement.
remplir	Elles **remplirent**........ les cases.
réussir	Je ...**réussis**............ la sauce.

CORRIGÉS

Les verbes du 2e groupe en -IR

E. Accorde les verbes au conditionnel présent.

finir	Nous **finirions** la lecture.
blanchir	Vous **blanchiriez** le linge.
démolir	Je **démolirais** le vieux mur.
divertir	Tu **divertirais** ton petit frère.
éclaircir	Vous **éclairciriez** le mystère.
fournir	Elle **fournirait** la nourriture.
garantir	Ils **garantiraient** la qualité du produit.
guérir	Il **guérirait** rapidement.
nourrir	Il **nourrirait** les poissons.
ralentir	Nous **ralentirions** au croisement.
remplir	Elles **rempliraient** les cases.
réussir	Je **réussirais** la sauce.

F. Accorde les verbes au passé composé de l'indicatif.

finir	Nous **avons fini** la lecture.
blanchir	Vous **avez blanchi** le linge.
démolir	J' **ai démoli** le vieux mur.
divertir	Tu **as diverti** ton petit frère.
éclaircir	Vous **avez éclairci** le mystère.
fournir	Elle **a fourni** la nourriture.
garantir	Ils **ont garanti** la qualité du produit.
nourrir	Il **a nourri** les poissons.
ralentir	Nous **avons ralenti** au croisement.
remplir	Elles **ont rempli** les cases.
réussir	J' **ai réussi** la sauce.

Les verbes du 2e groupe en -IR

G. Accorde les verbes au plus-que-parfait de l'indicatif.

finir	Nous **avions fini** la lecture.
blanchir	Vous **aviez blanchi** le linge.
démolir	J' **avais démoli** le vieux mur.
divertir	Tu **avais diverti** ton petit frère.
éclaircir	Vous **aviez éclairci** le mystère.
fournir	Elle **avait fourni** la nourriture.
garantir	Ils **avaient garanti** la qualité du produit.
nourrir	Il **avait nourri** les poissons.
ralentir	Nous **avions ralenti** au croisement.
remplir	Elles **avaient rempli** les cases.
réussir	J' **avais réussi** la sauce.

H. Accorde les verbes au futur antérieur de l'indicatif.

finir	Nous **aurons fini** la lecture.
blanchir	Vous **aurez blanchi** le linge.
démolir	J' **aurai démoli** le vieux mur.
divertir	Tu **auras diverti** ton petit frère.
éclaircir	Vous **aurez éclairci** le mystère.
fournir	Elle **aura fourni** la nourriture.
garantir	Ils **auront garanti** la qualité du produit.
nourrir	Il **aura nourri** les poissons.
ralentir	Nous **aurons ralenti** au croisement.
remplir	Elles **auront rempli** les cases.
réussir	J' **aurai réussi** la sauce.

CORRIGÉS

Les verbes du 2e groupe en -IR

1. Accorde les verbes au présent de l'indicatif.

finir	Nous **finissons** nos devoirs.
blanchir	Vous **blanchissez** le mur.
démolir	Je **démolis** ma maquette.
divertir	Tu **divertis** tes amis.
éclaircir	Vous **éclaircissez** la couleur.
fournir	Elle **fournit** le pain.
garantir	Ils **garantissent** la livraison.
nourrir	Il **nourrit** son chien.
ralentir	Nous **ralentissons** notre allure.
remplir	Elles **remplissent** les paniers.
réussir	Je **réussis** mon examen.

Les verbes du 2e groupe en -IR

2. Accorde les verbes à l'impératif présent.

Tu parles à quelqu'un...

finir	**Finis** la lecture.
blanchir	**Blanchis** le linge.
démolir	**Démolis** le vieux mur.
divertir	**Divertis** ton petit frère.
éclaircir	**Éclaircis** le mystère.
fournir	**Fournis** la nourriture.
garantir	**Garantis** la qualité du produit.
guérir	**Guéris** rapidement.
nourrir	**Nourris** les poissons.
ralentir	**Ralentis** au croisement.
remplir	**Remplis** les cases.
réussir	**Réussis** la sauce.

Tu parles de toi et d'autres personnes...

finir	**Finissons** la lecture.
blanchir	**Blanchissons** le linge.
démolir	**Démolissons** le vieux mur.
divertir	**Divertissons** ton petit frère.
éclaircir	**Éclaircissons** le mystère.
fournir	**Fournissons** la nourriture.
garantir	**Garantissons** la qualité du produit.
guérir	**Guérissons** rapidement.
nourrir	**Nourrissons** les poissons.
ralentir	**Ralentissons** au croisement.
remplir	**Remplissons** les cases.
réussir	**Réussissons** la sauce.

CORRIGÉS

Les verbes du 2e groupe en -IR

Tu parles à d'autres personnes...

finir	**Finissez**	la lecture.
blanchir	**Blanchissez**	le linge.
démolir	**Démolissez**	le vieux mur.
divertir	**Divertissez**	votre petit frère.
éclaircir	**Éclaircissez**	le mystère.
fournir	**Fournissez**	la nourriture.
garantir	**Garantissez**	la qualité du produit.
guérir	**Guérissez**	rapidement.
nourrir	**Nourrissez**	les poissons.
ralentir	**Ralentissez**	au croisement.
remplir	**Remplissez**	les cases.
réussir	**Réussissez**	la sauce.

K. Accorde les verbes au subjonctif présent.

Il faut ...

finir	que nous **finissions**	la lecture.
blanchir	que vous **blanchissiez**	le linge.
démolir	que je **démolisse**	le vieux mur.
divertir	que tu **divertisses**	ton petit frère.
éclaircir	que vous **éclaircissiez**	le mystère.
fournir	qu'elle **fournisse**	la nourriture.
garantir	qu'ils **garantissent**	la qualité du produit.
guérir	qu'il **guérisse**	rapidement.
nourrir	qu'il **nourrisse**	les poissons.
ralentir	que nous **ralentissions**	au croisement.
remplir	qu'elles **remplissent**	les cases.
réussir	que je **réussisse**	la sauce.

Verbes particuliers en -ER

A. Verbes en -CER
Accorde les verbes aux temps indiqués.

effacer	- Prés. de l'ind.	Nous **effaçons**	le classement.
		Ils **effacent**	le classement.
	- Imparf. de l'ind.	Tu **effaçais**	le classement.
		Vous **effaciez**	le classement.
glacer	- Prés. de l'ind.	Tu **glaces**	le gâteau.
		Nous **glaçons**	le gâteau.
	- Fut. s. de l'ind.	Je **glacerai**	le gâteau.
tracer	- Imparf. de l'ind.	Je **traçais**	la piste.
		Vous **traciez**	la piste.
	- Pas. simp. de l'ind.	Elle **traça**	la piste.
		Ils **tracèrent**	la piste.
percer	- Impér. prés.	2ePS **Perce**	la boîte.
		1èrePP **Perçons**	la boîte.
		2ePP **Percez**	la boîte.
remplacer	- Imparf. de l'ind.	Je **remplaçais**	la vitre.
		Vous **remplaciez**	la vitre.
	- Subj. prés.	Il faut que tu **remplaces**	la vitre.
		Il faut que vous **remplaciez**	la vitre.
sucer	- Prés. de l'ind.	Nous **suçons**	un glaçon.
	- Imparf. de l'ind.	Tu **suçais**	un glaçon.
	- Pas. simp. de l'ind.	Elle **suça**	un glaçon.

CORRIGÉS

Verbes particuliers en -ER

B. Verbes en -GER.
Accorde les verbes aux temps indiqués.

allonger - Prés. de l'ind. Nous **allongeons** le parcours.
Elles **allongent** le parcours.

arranger - Imparf. de l'ind. Tu **arrangeais** tes cheveux.
Nous **arrangions** nos cheveux.

changer - Fut. s. de l'ind. Ils **changeront** de fournisseur.

dégager - Pas. simp. de l'ind. Je **dégageai** l'entrée.
Elles **dégagèrent** l'entrée.

juger - Subj. prés. Il faut que vous **jugiez** les faits.

longer - Impér. 2ePS **Longe** la prairie.
1èrePP **Longeons** la prairie.
2ePP **Longez** la prairie.

interroger - Prés. de l'ind. Elle **interroge** un passant.
Vous **interrogez** un passant.

négliger - Imparf. de l'ind. Il **négligeait** ses travaux.

protéger - Pas. simp. de l'ind. Il **protégea** les vitres.
Elles **protégèrent** les vitres.

ronger - Fut. s. de l'ind. Le castor **rongera** les troncs d'arbres.

charger - Prés. de l'ind. Nous **chargeons** les fruits.
- Imparf. de l'ind. Vous **chargiez** les fruits.
Elles **chargeaient** les fruits.

déménager - Imparf. de l'ind. Ils **déménageaient** le piano.

© Éditions Je Réussis 29 Je Réussis «Conjugaison CM2»

Verbes particuliers en -ER

C. Verbes en -GNER, -GUER, -QUER.
Accorde les verbes aux temps indiqués.

désigner - Prés. de l'ind. Je **désigne** le vainqueur.
Nous **désignons** le vainqueur.
- Imparf. de l'ind. Tu **désignais** le vainqueur.
Vous **désigniez** le vainqueur.
- Subj. prés. Il faut que tu **désignes** le vainqueur.
Il faut que nous **désignions** le vainqueur.

signer - Imparf. de l'ind. Elle **signait** la lettre.

peigner - Pas. simp. de l'ind. Je **peignis** le chien.
Vous **peignîtes** le chien.
- Subj. prés. Il faut que vous **peigniez** le chien.
Il faut qu'ils **peignent** le chien.

témoigner - Imparf. de l'ind. Tu **témoignais** devant le juge.
Nous **témoignions** devant le juge.

naviguer - Prés. de l'ind. Tu **navigues** sur l'océan.
- Imparf. de l'ind. Vous **naviguiez** sur l'océan.
Ils **naviguaient** sur l'océan.
- Pas. simp. de l'ind. Elles **naviguèrent** sur l'océan.

laquer - Prés. de l'ind. Nous **laquons** le canard.
- Imparf. de l'ind. Maman **laquait** le canard.
- Pas. simp. de l'ind. Tu **laquas** le canard.
- Subj. prés. Il faut que vous **laquiez** le canard.

repiquer - Prés. de l'ind. Le cultivateur **repique** des salades.

© Éditions Je Réussis 30 Je Réussis «Conjugaison CM2»

CORRIGÉS

Verbes particuliers en -ER

D. Verbes en -UYER et -OYER.

Accorde les verbes aux temps indiqués.

appuyer - Prés. de l'ind.
Tu ......**appuies**..... sur l'interrupteur.
Nous ..**appuyons** sur l'interrupteur.

- Imparf. de l'ind.
Elle ....**appuyait**... sur l'interrupteur.
Vous .**appuyiez**.... sur l'interrupteur

- Fut. s. de l'ind.
Ils .**appuieront**. sur l'interrupteur.

- Subj. prés.
Il faut que tu ....**appuies**..... sur l'interrupteur.
Il faut que nous ...**appuyions**. sur l'interrupteur.

nettoyer - Prés. de l'ind.
Tu .....**nettoies**............. les tasses.
Vous .**nettoyez**................ les tasses.

- Imparf. de l'ind.
Vous .**nettoyiez**............. les tasses.
Ils ..**nettoyaient**....... les tasses.

- Pas. simp. de l'ind.
Tu ....**nettoyas**........... les tasses.
Les enfants **nettoyèrent**.. les tasses.

employer - Prés. de l'ind.
Il ...**emploie**...........de l'huile d'olive.
Vous **employez**.... de l'huile d'olive.

- Imparf. de l'ind.
Nous **employions** de l'huile d'olive.
Ils ..**employaient** de l'huile d'olive.

- Subj. prés.
Il faut que tu **emploies** de l'huile d'olive.
Il faut que vous **employiez** de l'huile d'olive.

- Impér. prés.
2ᵉPS .....**Emploie**.de l'huile d'olive.
2ᵉPP .....**Employez**.de l'huile d'olive.

broyer - Prés. de l'ind.
Elles ....**broient**........ des noisettes.
Nous ....**broyons** des noisettes.

- Fut. s. de l'ind.
Tu ....**broieras**..... des noisettes.

- Imparf. de l'ind.
Nous ....**broyions**.. des noisettes.

Verbes particuliers en -ER

E. Verbes en -AYER.

payer - Prés. de l'ind.
Je .....**paie/paye**..... la facture.
Vous ....**payez**............ la facture.

- Imparf. de l'ind.
Vous ....**payiez**...... la facture.

- Fut. s. de l'ind.
Je .**paierai/payerai** la facture.

- Pas. simp. de l'ind.
Il .....**paya**................ la facture.
Elles ....**payèrent**...... la facture.

balayer - Pas. comp. de l'ind.
Tu ....**as balayé**........ le trottoir.

- Impér. prés.
2ᵉPP .**Balayez**............ le trottoir.

- Subj. prés.
Il faut que tu **balayes/balaies**. le trottoir.
Il faut qu'ils **balayent/balaient** le trottoir.

F. Verbe ENVOYER.

Prés. de l'ind.
J'..............**envoie**...................... un colis.
Elle ....**envoie**............................ un colis.
Nous ....**envoyons**..................... un colis.
Elles ....**envoient**............................ un colis.

Imparf. de l'ind.
Vous ....**envoyiez**........................ un colis.

Fut. s. de l'ind.
Tu ....**enverras**........................ un colis.

Pas. simp. de l'ind.
Nous ....**envoyâmes**...................... un colis.
Elles ....**envoyèrent**..................... un colis.

Cond. prés.
Nous ....**enverrions**...................... un colis.

Pl.-q.-parf. de l'ind.
Il ....**avait envoyé**................ un colis.

Impér. prés.
2ᵉPS ....**Envoie**.............................. un colis.
1ᵉPP ....**Envoyons**........................ un colis.

Subj. prés.
Il faut que tu ....**envoies**.................. un colis.
Il faut que vous ...**envoyiez**.............un colis.

CORRIGÉS

Verbes particuliers en -ER

G. Verbes en -IER, -ILLER.

Accorde les verbes aux temps indiqués.

a) **publier** - Prés. de l'ind. Elle ....**publie**............ ses mémoires.
Nous ..**publions**......... nos mémoires.
- Imparf. de l'ind. Elle ....**publiait**...... ses compositions.
Nous ..**publiions**. nos compositions.
Vous ...**publiiez**.....vos compositions.
- Pas. simp. de l'ind. Nous ..**publiâmes** ses compositions.

scier - Fut. simp. de l'ind. Je ....**scierai**......... du bois.
- Pas. comp. de l'ind. Elle ....**a scié**.............. du bois.
- Impér. prés. 2ᵉPS ....**Scie**............................ du bois.
1ᵉʳᵉPP ....**Scions**............................ du bois.

vérifier - Subj. prés. Il faut que tu ....**vérifies**.. les comptes.
Il faut que nous **vérifiions** les comptes.

b) **travailler** - Prés. de l'ind. Elle ....**travaille**........ avec entrain.
Nous ....**travaillons**. avec entrain.

bailler - Prés. de l'ind. Nous ....**baillons**....... de sommeil.
- Imparf. de l'ind. Nous ....**baillions**.... de sommeil.

surveiller - Imparf. de l'ind. Il ....**surveillait** le trafic routier.
Nous ..**surveillions** le trafic routier.

habiller - Pas. simp. de l'ind. Tu ....**habillas**...... le bébé.
- Fut. s. de l'ind. Nous ..**habillerons**.. le bébé.

réveiller - Pas. comp. de l'ind. La sonnerie ....**a réveillé**.. tous les enfants.
- Impér. prés. 2ᵉPS ....**Réveille**............. tes frères.

tailler - Subj. prés. Il faut que tu ....**tailles**...... les arbres.
Il faut que nous ....**taillions** les arbres.

Verbes particuliers en -ER

H. Verbes comme SEMER, CÉDER.

On écrit avec un accent grave le e qui est à la fois situé en fin de syllabe et suivi d'une syllabe avec un e muet.
Ex. je cède , je cédais (inchangé), je cèderai (réforme).

Accorde les verbes aux temps indiqués.

a) **enlever** - Imparf. de l'ind. Tu .....**enlevais**...... la poussière.

achever - Fut. s. de l'ind. J' ....**achèverai**......... le nettoyage.
- Cond. prés. Nous ...**achèverions**... le nettoyage.

amener - Pas. simp. de l'ind. Tu .....**amenas**.......... des boissons.
- Pas. comp. Elle ....**a amené**........... des friandises.

peser - Prés. de l'ind. Je ......**pèse**.......... le contenu du panier.
Nous ..**pesons**.... le contenu du panier.
- Impér. prés. 2ᵉPP ....**Pesez**...... le contenu du panier.

soulever - Subj. prés. Demain, il faut que je ...**soulève**... une pierre.
- Pas. comp. de l'ind. Elle ......**a soulevé**............ une pierre.
Ils .....**ont soulevé**.......... une pierre.

promener - Prés. de l'ind. Abdel ....**promène**... le chien.

b) **régler** - Prés. de l'ind. Je ......**règle**.......................... la facture.
Nous ..**réglons**.................... la facture.
- Imparf. de l'ind. Elles ..**réglaient**................ la facture.

opérer - Impér. prés. 2ᵉPS ..**Opère**......................... le malade.
1ᵉʳᵉPP **Opérons**................ le malade.
- Fut. s. de l'ind. Ils ....**opèreront**......... le malade.

accélérer - Imparf. de l'ind. Vous ..**accélériez**....... le mouvement.
- Fut. s. de l'ind. Il ....**accélérera**...... le mouvement.

aérer - Subj. prés. Il faut que tu ......**aères**................. la chambre.
Il faut que nous ....**aérions**........ la chambre.

CORRIGÉS

Verbes particuliers en -ER

1. Verbes en -ELER et -ETER.

Avec la réforme tous les verbes se conjuguent comme acheter et peler, sauf appeler et jeter et leurs composés.

Accorde les verbes aux temps indiqués.

renouveler - Prés. de l'ind. Je ....**renouvèle**........ l'abonnement.
Nous **renouvelons**.. l'abonnement.
- Imparf. de l'ind. Elles .**renouvelaient** l'abonnement.

feuilleter - Pas. simp. de l'ind. Nous ....**feuilletâmes**...... le livre.
- Fut. s. de l'ind. Ils ....**feuillèteront**.... le livre.

ficeler - Pas. comp. de l'ind. Tu ...**as ficelé**............. la boite.

épeler - Impér. prés. 2ePS .....**Épèle**............... le mot.
1èrePP .....**Épelons**......... le mot.
- Subj. prés. Il faut que nous ...**épelions**..... le mot.
Il faut qu'ils ..**épèlent**.............. le mot.

appeler - Prés. de l'ind. Elle ..**appelle**.............. son amie.
Vous **appelez**............... une amie.
- Fut. s. de l'ind. J'.......**appellerai**..... une amie.
- Pas. comp. de l'ind. Nous ..**avons appelé**. une amie.
- Subj. prés. Il faut que tu ......**appelles**.. une amie.
Il faut que nous **appelions** une amie.

rejeter - Imparf. de l'ind. Nous .....**rejetions**...... cette offre.
- Pas. simp. de l'ind. Elles .....**rejetèrent**......... cette offre.
- Impér. prés. 2ePS .....**Rejette**............ cette offre.
1èrePP .....**Rejetons**............ cette offre.
- Cond. prés. Elles .....**rejetteraient**... cette offre.

Verbes particuliers en -IR

A. Les verbes comme COURIR, PARCOURIR, CONCOURIR, ACCOURIR, SECOURIR...

Accorde les verbes aux temps indiqués.

courir - Prés. de l'ind. Tu ....**cours**................ comme une gazelle.
Nous **courons**........... comme une gazelle.
Ils .....**courent**.......... comme une gazelle.

parcourir - Imparf. de l'ind. Il ...**parcourait**........ un long trajet.
- Pas. simp. de l'ind. Tu ..**parcourus**... un long trajet.
Vous .**parcourûtes**... un long trajet.

recourir - Fut. s. de l'ind. Elle .....**recourra**......... au dictionnaire.
- Pas. comp. de l'ind. Tu .....**as recouru**........ au dictionnaire.

secourir - Impér. prés. 2ePS .....**Secours**............ les malheureux.
2ePP .....**Secourez**......... les malheureux.
- Subj. prés. Il faut que je .....**secoure**....... les malheureux.
Il faut que vous .**secouriez**... les malheureux.

B. Le verbe CUEILLIR.

Accorde les verbes aux temps indiqués.

cueillir - Prés. de l'ind. Je ....**cueille**.............. des framboises.
Nous ..**cueillons**....... des framboises.
- Imparf. de l'ind. Nous ..**cueillions**..... des framboises.
- Pas. simp. de l'ind. Ils ....**cueillirent**..... des framboises.

accueillir - Fut. s. de l'ind. Tu .....**accueilleras**.. tes amis.
- Pas. comp. de l'ind. Elle ....**a accueilli**. ses amies.
- Impér. prés. 2ePP ..**Accueillez**....... vos amis.

recueillir - Subj. prés. Il faut qu'elle .....**recueille** les feuilles.
Il faut que vous **recueilliez** les feuilles.

CORRIGÉS

Verbes particuliers en -IR

C. Les verbes comme SENTIR, SORTIR, PARTIR, MENTIR…
Accorde les verbes aux temps indiqués.

sentir - Prés. de l'ind. Tu ……**sens**…… la chaleur du soleil.
Elle ……**sent**…… la chaleur du soleil.
Nous ……**sentons**……la chaleur du soleil.

sortir - Imparf. de l'ind. Je ……**sortais**…… les fauteuils de jardin.
- Pas. simp. de l'ind. Elles **sortirent**. les fauteuils de jardin.

partir - Fut. s. de l'ind. Tu ……**partiras**…… à la campagne.
- Cond. prés. Vous ……**partiriez**…… à la campagne.

mentir - Pl.-q.-parf. de l'ind. Vous n'**aviez** pas ……**menti**…… .

sortir - Impér. prés. 2ᵉPS ……**Sors**…… le chien.
2ᵉPP ……**Sortez**…… le chien.
- Subj. prés. Il faut qu'elles ……**sortent**…… le chien.

D. Le verbe DORMIR.
Accorde les verbes aux temps indiqués.

Prés. de l'ind. Elle ……**dort**…… dans un lit douillet.
Nous **dormons**…… dans un lit douillet.
Imparf. de l'ind. Je ……**dormais**…… dans un lit douillet.
Pas. simp. de l'ind. Elle **dormit**…… dans un lit douillet.
Nous **dormîmes**…… dans un lit douillet.
Fut. s. de l'ind. Je ……**dormirai**…… dans un lit douillet.
Cond. prés. Vous **dormiriez**…… dans un lit douillet.
Pas. comp. de l'ind. Nous ……**avons dormi**…… dans un lit douillet.
Fut. ant. de l'ind. Tu ……**auras dormi**…… dans un lit douillet.
Impér. prés. 2ᵉPS ……**Dors**…… dans un lit douillet.
1ᵉʳᵉPP ……**Dormons**…… dans un lit douillet.
Subj. prés. Il faut que vous ……**dormiez**…… dans un lit douillet.

Verbes particuliers en -IR

E. Les verbes OUVRIR, COUVRIR, OFFRIR, SOUFFRIR, DÉCOUVRIR…
Accorde les verbes aux temps indiqués.

ouvrir - Prés. de l'ind. Elle ……**ouvre**…… le tiroir.
Elles ……**ouvrent**…… le tiroir.

recouvrir - Imparf. de l'ind. Je ……**recouvrais**…… les cahiers.
- Pas. simp. de l'ind. Tu ……**recouvris**…… les cahiers.
Vous ……**recouvrîtes** les cahiers.

souffrir - Pas. comp. de l'ind. Il ……**a souffert**…… d'une rage de dent.

découvrir - Cond. prés. Tu **découvrirais**.. une vieille chanson.
- Pas. comp. de l'ind. Elle **a découvert** une vieille chanson.

offrir - Impér. prés. 2ᵉPS ……**Offre**…… des fleurs à maman.
- Subj. prés. Il faut que vous ……**offriez**…… des fleurs.

F. Les verbes TENIR, CONTENIR, VENIR, DEVENIR…
Accorde les verbes aux temps indiqués.

tenir - Prés. de l'ind. Tu ……**tiens**…… le guidon du vélo.
Nous ……**tenons**…… le guidon du vélo.

détenir - Pl.-q.-parf. de l'ind. Elles **avaient détenu** le record du monde.

contenir - Imparf. de l'ind. La bouteille ……**contenait**…… de l'orangeade.

devenir - Pas. simp. de l'ind. Il ……**devint**…… pilote de ligne.
- Fut. s. de l'ind. Vous ……**deviendrez**…… pilote de ligne.

venir - Cond. prés. Nous **viendrions** si tu le demandais.
- Pas. comp. de l'ind. Il ……**est venu**…… près de moi.
Elles ……**sont venues**…… près de moi.
- Impér. prés. 2ᵉPS ……**Viens**…… près de moi.
2ᵉPP ……**Venez**…… près de moi.

soutenir - Subj. prés. Il faut que tu **soutiennes** notre équipe.

CORRIGÉS

Verbes particuliers en -IR

G. Le verbe SERVIR.

Accorde les verbes aux temps indiqués.

servir - Prés. de l'ind.	Tu **sers** du café.	
	Nous **servons** du café.	
- Imparf. de l'ind.	Je **servais** du café.	
- Pas. comp. de l'ind.	Elle **a servi** du café.	
- Fut. s. de l'ind.	Ils **serviront** du café.	
- Pas. simp. de l'ind.	Nous **servîmes** du café.	
- Cond. prés.	Vous **serviriez** du café.	
- Subj. prés.	Il faut qu'ils **servent** du café.	

H. Le verbe FUIR.

Accorde les verbes aux temps indiqués.

fuir - Prés. de l'ind.	Le robinet **fuit**.
	Les robinets **fuient**.
- Imparf. de l'ind.	Le robinet **fuyait**.
- Fut. s. de l'ind.	Le robinet **fuira**.
- Pas. comp. de l'ind.	Le robinet **a fui**.
s'enfuir - Prés. de l'ind.	Tu **t'enfuis** à toutes jambes.
	Vous **vous enfuyez** à toutes jambes.
- Imparf. de l'ind.	Vous **vous enfuyiez** à toutes jambes.
- Pas. comp. de l'ind.	Elle **s'est enfuie** à toutes jambes.
	Ils **se sont enfuis** à toutes jambes.
- Pl.-q.-parf. de l'ind.	Je **m'étais enfui(e)** à toutes jambes.
- Fut. s. de l'ind.	Nous **nous enfuirons** à toutes jambes.
- Subj. prés.	Il faut que nous **nous enfuyions**.

Verbes particuliers en -IR

I. Le verbe MOURIR.

Prés. de l'ind.	Je **meurs** de rire.
	Nous **mourons** de rire.
Imparf. de l'ind.	Tu **mourais** de rire.
Fut. s. de l'ind.	Je **mourrai** de rire.
Pas. simp. de l'ind.	Il **mourut** de rire.
Cond. prés.	Nous **mourrions** de rire.
Pas. comp. de l'ind.	Elles **sont mortes** de rire.
Pl.-q.-parf. de l'ind.	Nous **étions morts/tes** de rire.
Fut. ant. de l'ind.	Je **serai mort/te** de rire.
Prés. de l'ind.	Elle **meurt** de rire.
Impér. prés.	2ᵉPS **Meurs** de rire.
	2ᵉPP **Mourez** de rire.
Subj. prés.	Il faut que tu **meures** de rire.
Subj. pas.	Il faut qu'elle **soit morte** de rire.

J. Le verbe BOUILLIR.

Prés. de l'ind.	Je **bous** d'impatience.
	Nous **bouillons** d'impatience.
	Elles **bouillent** d'impatience.
Imparf. de l'ind.	Vous **bouilliez** d'impatience.
Pas. simp. de l'ind.	Il **bouillit** d'impatience.
Cond. prés.	Nous **bouillirions** d'impatience.
Pas. comp. de l'ind.	Elles **ont bouilli** d'impatience.
Impér. prés.	2ᵉPS **Bouillez** d'impatience.
Subj. prés.	Il faut que tu **bouilles** d'impatience.

CORRIGÉS

Verbes particuliers en -IRE

A. Les verbes LIRE, ÉLIRE, RELIRE.

Accorde les verbes aux temps indiqués.

lire	- Prés. de l'ind.	Je ......**lis**................. un journal.
		Vous ..**lisez**............... un journal.
	- Imparf. de l'ind.	Ils .....**lisaient**..... un journal.
	- Pas. simp. de l'ind.	Elles ..**lurent**.............. un journal.
élire	- Fut. s. de l'ind.	Vous ..**élirez**.............. vos représentants.
	- Cond. prés.	Vous ..**éliriez**.............vos représentants.
relire	- Pas. comp. de l'ind.	Tu ...**as relu**.............. la rédaction.
	- Impér. prés.	2ᵉPS ...**Relis**...................... la rédaction.
		1ᵉʳᵉPP ..**Relisons**............ la rédaction.
	- Subj. prés.	Il faut que nous ......**relisions**............ la rédaction.

B. Les verbes DIRE, INTERDIRE, PRÉDIRE.

dire	- Prés. de l'ind.	Je .....**dis**........................ ce qui s'est passé.
		Vous ......**dites**............. ce qui s'est passé.
	- Pas. comp. de l'ind.	Nous ..**avons dit**......ce qui s'était passé.
	- Fut. s. de l'ind.	Tu .....**diras**................... ce qui s'est passé.
	- Impér. prés.	2ᵉPP ...**Dites**.............. ce qui s'est passé.
	- Subj. prés.	Il faut que vous ..**disiez**ce qui s'est passé.
interdire	- Prés. de l'ind.	Vous .**interdisez** les portables en classe.
	- Imparf. de l'ind.	Il ..**interdisait**... les portables en classe.
	- Pas. simp. de l'ind.	Elles **interdirent** les portables en classe.
prédire	- Prés. de l'ind.	Vous ..**prédisez**. une journée brumeuse.
	- Cond. prés.	Nous **prédirions**une journée brumeuse.

Verbes particuliers en -IRE

C. Les verbes RIRE, SOURIRE.

Accorde les verbes aux temps indiqués.

rire	- Prés. de l'ind.	Tu ......**ris**....................... de ce gag.
		Vous ..**riez**....................... de ce gag.
	- Imparf. de l'ind.	Nous ..**riions**.................. de ce gag.
	- Pl.-q.-parf. de l'ind.	Elle ....**avait ri**............ de ce gag.
	- Pas. simp. de l'ind.	Nous **rîmes**..................... de ce gag.
		Elles .**rirent**.................. de ce gag.
sourire	- Fut. s. de l'ind.	Je .**sourirai**............. souvent.
	- Cond. prés.	Ils **souriraient**...... souvent.
	- Pas. comp. de l'ind.	Nous ......**avons souri**...... souvent.
	- Impér. prés.	1ᵉʳᵉPP ....**Souris**.......... souvent.
	- Subj. prés.	Il faut qu'elle ......**sourie**....... souvent.

D. Les verbes ÉCRIRE, DÉCRIRE, (S')INSCRIRE.

écrire	- Prés. de l'ind.	J'.......**écris**................. sur le calendrier.
		Elles .**écrivent**........... sur le calendrier.
	- Imparf. de l'ind.	Nous **écrivions**......... sur le calendrier.
	- Pas. simp. de l'ind.	Il ......**écrivit**............. sur le calendrier.
		Nous **écrivîmes**........ sur le calendrier.
décrire	- Fut. s. de l'ind.	Vous .**décrirez**................ la situation.
	- Fut. ant. de l'ind.	Vous .**aurez décrit**....... la situation.
	- Cond. prés.	Tu ....**décrirais**........... la situation.
	- Pas. comp. de l'ind.	Elles .**ont décrit**........... la situation.
s'inscrire	- Impér. prés.	2ᵉPS .**Inscris-toi**................. au judo.
		2ᵉPP .**Inscrivez-vous**........ au judo.
	- Subj. prés.	Il faut qu'elle ..**s'inscrive**....... au judo.

CORRIGÉS

Verbes particuliers en -IRE

E. Les verbes CUIRE, CONDUIRE, PRODUIRE, TRADUIRE, INSTRUIRE...
Accorde les verbes aux temps indiqués.

cuire - Prés. de l'ind. — Je ....**cuis**.............. les brochettes.
Nous ...**cuisons**........ les brochettes.
conduire - Imparf. de l'ind. — Il ....**conduisait**...... le camion.
- Pas. s. de l'ind. — Elles **conduisirent**........ le camion.
produire - Fut. s. de l'ind. — Nous ......**produirons**... du compost.
nuire - Prés. de l'ind. — Le tabac ...**nuit**.............. à la santé.
traduire - Imparf. de l'ind.. — Tu ..**traduisais**...... le document.
- Pl.-q.-parf. de l'ind. — Elles **avaient traduit** le document.
- Impér. prés. — 2^{e}PS ....**Traduis**........ le document.
- Subj. prés. — Il faut que je ....**traduise**... le document.

Verbes en -OIR

A. Les verbes en -CEVOIR : RECEVOIR, APERCEVOIR...
Accorde les verbes aux temps indiqués.

recevoir - Prés. de l'ind. — Je ......**reçois**........ des encouragements.
Vous ...**recevez**...... des encouragements.
Elles ...**reçoivent**. des encouragements.
- Imparf. de l'ind. — Nous ..**recevions** des encouragements.
- Pas. simp. de l'ind. — Il ....**reçut**.......... des encouragements.
apercevoir - Fut. s. de l'ind. — Tu .....**apercevras**........ une fontaine.
- Cond. prés. — Vous ...**apercevriez**.... une fontaine.
- Pas. comp. de l'ind. — Ils ....**ont aperçu**..... une fontaine.
- Subj. prés. — Il faut que tu **aperçoives** une fontaine.
décevoir - Impér. prés. — 2^{e}PS Ne ...**déçois**........ pas les supporters.

Verbes en -OIR

B. Les verbes VOIR, ENTREVOIR, PRÉVOIR.
Accorde les verbes aux temps indiqués.

voir - Prés. de l'ind. — Je ....**vois**..................... l'étoile polaire.
Vous ...**voyez**................. l'étoile polaire.
Elles ...**voient**.............. l'étoile polaire.
- Imparf. de l'ind. — Vous ...**voyiez**.............. l'étoile polaire.
- Pas. simp. de l'ind. — Il ....**vit**...................... l'étoile polaire.
Nous ..**vîmes**................ l'étoile polaire.
entrevoir - Fut. s. de l'ind. — Vous ...**entreverrez**....... une solution.
- Cond. prés. — J' ....**entreverrais**......... une solution.
- Fut. ant. de l'ind. — Tu ..**auras entrevu**... une solution.
prévoir - Impér. prés. — 2^{e}PS ......**Prévois**............. des boissons.
2^{e}PP ......**Prévoyez**.......... des boissons.
- Subj. prés. — Il faut que tu .....**prévoies**.......... des boissons.
Il faut que nous **prévoyions**..... des boissons.

C. Le verbe SAVOIR.

Prés. de l'ind. — Je ....**sais**........................ parler anglais.
Ils ....**savent**................. parler anglais.
Imparf. de l'ind. — Tu ....**savais**................... parler anglais.
Pas. simp. de l'ind. — Elle ....**sut**.......................... parler anglais.
Fut. s. de l'ind. — Nous ....**saurons**................. parler anglais.
Cond. prés. — Tu ....**saurais**.............. parler anglais.
Pas. comp. de l'ind. — Vous .....**avez su**................. parler anglais.
Impér. prés. — 2^{e}PS .....**Sache**......................... parler anglais.
1^{ère}PP ....**Sachons**.................... parler anglais.
Subj. prés. — Il faut qu' elles ....**sachent**.... parler anglais.

CORRIGÉS

Verbes en -OIR

D. Le verbe DEVOIR.
Accorde les verbes aux temps indiqués.

Prés. de l'ind.	Tu **dois**	attendre le train.
	Vous **devez**	attendre le train.
	Elles **doivent**	attendre le train.
Imparf. de l'ind.	Je **devais**	attendre le train.
Pas. simp. de l'ind.	Nous **dûmes**	attendre le train.
	Elle **dut**	attendre le train.
Pl.-q.-parf. de l'ind.	Elles **avaient dû**	attendre le train.
Fut. s. de l'ind.	Je **devrai**	attendre le train.
Cond. prés.	Vous **devriez**	attendre le train.
Pas. comp. de l'ind.	Ils **ont dû**	attendre le train.

E. Le verbe POUVOIR.

Prés. de l'ind.	Je **peux**	regarder ce film.
	Nous **pouvons**	regarder ce film.
	Elles **peuvent**	regarder ce film.
Imparf. de l'ind.	Il **pouvait**	regarder ce film.
Pas. s. de l'ind.	Elle **put**	regarder ce film.
	Ils **purent**	regarder ce film.
Fut. simp. de l'ind.	Tu **pourras**	regarder ce film.
Cond. prés.	Vous **pourriez**	regarder ce film.
Pas. comp. de l'ind.	Ils **ont pu**	regarder ce film.
Pl.-q.-parf. de l'ind.	Nous **avions pu**	regarder ce film.
Subj. prés.	Il faut que tu **puisses**	regarder ce film.

Verbes en -OIR

F. Le verbe VOULOIR.
Accorde les verbes aux temps indiqués.

Prés. de l'ind.	Je **veux**	du pain frais.
	Vous **voulez**	du pain frais.
Imparf. de l'ind.	Il **voulait**	du pain frais.
Pas. simp. de l'ind.	Tu **voulus**	du pain frais.
Fut. s. de l'ind.	Je **voudrai**	du pain frais.
Pas. comp. de l'ind.	Il **a voulu**	du pain frais.
Pl.-q.-parf. de l'ind.	Elle **avait voulu**	du pain frais.
Subj. prés.	Il faut que tu **veuilles**	du pain frais.
	Il faut que nous **voulions**	du pain frais.

G. Le verbe S'ASSEOIR.

Prés. de l'ind.	Elle **s'assied/s'assois**	sur le banc.
	Vous **vous asseyez/assoyez**	sur le banc.
Imparf. de l'ind.	Elle **s'asseyait/s'assoyait**	sur le banc.
	Nous **nous asseyions/assoyions**	sur le banc.
Pas. simp. de l'ind.	Elle **s'assit**	sur le banc.
Fut. s. de l'ind.	Tu **t'assiéras/t'assoiras**	sur le banc.
Cond. prés.	Elles **s'assiéraient/s'assoiraient**	sur le banc.
Pas. comp. de l'ind.	Il **s'est assis**	sur le banc.
Impér. prés.	2ePP **Assieds-toi/assois-toi**	sur le banc.
Subj. prés.	Il faut que je **m'asseye/m'assoie**	sur le banc.
	Il faut que nous **nous asseyions/assoyions**	sur le banc.

Verbes en -OIRE

A. Le verbe CROIRE.
Accorde les verbes aux temps indiqués.

Prés. de l'ind.	Tu **crois** ce qu'il dit.
	Nous **croyons** ce qu'il dit.
	Elles **croient** ce qu'il dit.
Imparf. de l'ind.	Nous **croyions** ce qu'il disait.
Pas. simp. de l'ind.	Elles **crurent** ce qu'il dit.
Fut. s. de l'ind.	Je **croirai** ce qu'il dira.
Cond. prés.	Vous **croiriez** ce qu'il dirait.
Pas. comp. de l'ind.	Tu **as cru** ce qu'il a dit.
Impér. prés.	2ᵉPS **Crois** ce qu'il dit.
	2ᵉPP **Croyez** ce qu'il dit.
Subj. prés.	Il faut qu'il **croie** ce qu'il dit.
	Il faut que vous **croyiez** ce qu'il dit.

B. Le verbe BOIRE.

Prés. de l'ind.	Je **bois** beaucoup d'eau.
	Nous **buvons** beaucoup d'eau.
	Elles **boivent** beaucoup d'eau.
Imparf. de l'ind.	Nous **buvions** beaucoup d'eau.
Pas. simp. de l'ind.	Ils **burent** beaucoup d'eau.
Fut. s. de l'ind.	Tu **boiras** beaucoup d'eau.
Cond. prés.	Vous **boiriez** beaucoup d'eau.
Pas. comp. de l'ind.	Nous **avons bu** beaucoup d'eau.
Impér. prés.	2ᵉPS **Bois** beaucoup d'eau.
	2ᵉPP **Buvez** beaucoup d'eau.

Verbes en -OIR

H. Le verbe PLEUVOIR.
Accorde les verbes aux temps indiqués.

Prés. de l'ind.	Il **pleut**.
Imparf. de l'ind.	Il **pleuvait**.
Pas. simp. de l'ind.	Il **plut**.
Fut. s. de l'ind.	Il **pleuvra**.
Pas. comp. de l'ind.	Il **a plu**.
Subj. prés.	Il faut qu'il **pleuve**.

CORRIGÉS

CORRIGÉS

Verbes en -AÎTRE comme CONNAÎTRE, PARAÎTRE...

Accorde les verbes aux temps indiqués.

connaître - Prés. de l'ind. Il ...**connaît**... le résultat.
Elles ...**connaissent**... le résultat.
- Imparf. de l'ind. Tu ...**connaissais**... le résultat.
- Pas. simp. de l'ind. Il ...**connut**... le résultat.
- Fut. s. de l'ind. Elle ...**connaîtra**... le résultat.

paraître - Pas. comp. de l'ind. Le journal **est paru**... ce matin.

disparaître - Cond. prés. Elle ...**disparaîtrait** soudainement.

reconnaître - Pas. comp. de l'ind. Tu **as reconnu**... la personne.
- Impér. prés. 2ᵉPS ...**Reconnais**... la personne.
2ᵉPP ...**Reconnaissez**... la personne.
- Subj. prés. Il faut qu'elle ...**reconnaisse**... la personne.

Les verbes en -DRE

A. Les verbes avec PRENDRE : PRENDRE, APPRENDRE, COMPRENDRE...
Accorde les verbes aux temps indiqués.

prendre - Prés. de l'ind. Je ...**prends**... un fruit.
Il ...**prend**... un fruit.
Vous ...**prenez**... un fruit.

surprendre - Imparf. de l'ind. Elle ...**surprenait**... ses amies.
- Pas. simp. de l'ind. Nous ...**surprîmes**... nos amies.

apprendre - Fut. s. de l'ind. Tu ...**apprendras**... le néerlandais.
- Cond. prés. Elle ...**apprendrait**... le néerlandais.
- Pas. comp. de l'ind. Nous **avons appris**... le néerlandais.
- Fut. ant. de l'ind. Ils ...**auront appris** le néerlandais.

comprendre - Impér. prés. 2ᵉPS ...**Comprends**... la leçon.
- Subj. prés. Il faut que vous **compreniez** la leçon.

B. Les verbes CRAINDRE, PEINDRE, JOINDRE.

craindre - Prés. de l'ind. Elle ...**craint**... le gel.
Nous ...**craignons**... le gel.
- Imparf. de l'ind. Je ...**craignais**... le gel.
Vous ...**craigniez**... le gel.
- Pas. simp. de l'ind. Elles ...**craignirent**... le gel.

peindre - Fut. s. de l'ind. Tu ...**peindras**... un paysage.
- Pl.-q.-parf. de l'ind. Nous **avions peint**... un paysage.

rejoindre - Impér. prés. 2ᵉPS ...**Rejoins**... la route.
2ᵉPP ...**Rejoignez**... la route.
- Subj. prés. Il faut que vous ...**rejoigniez** la route.

CORRIGÉS

Les verbes en -DRE

C. Les autres verbes en -DRE : VENDRE, DÉFENDRE, (AT)TENDRE, PERDRE, MORDRE, TONDRE.
Accorde les verbes aux temps indiqués.

vendre - Prés. de l'ind.	Je ….**vends**…. des meubles.
	Elles ….**vendent**…. des meubles.
défendre - Imparf. de l'ind.	Il ….**défendait**…. son idée.
attendre - Pas. simp. de l'ind.	Elles ….**attendirent**…. la venue du printemps.
tendre - Fut. s. de l'ind.	Vous ….**tendrez**…. le fil.
perdre - Cond. prés.	Nous ….**perdrions**…. la confiance.
mordre - Pas. comp. de l'ind.	Le poisson ….**a mordu**…. à l'hameçon.
tordre - Impér. prés.	2ᵉPS ….**Tords**…. le linge.
- Impér. pas.	2ᵉPP ….**Tordez**…. le linge.
tondre - Subj. prés.	Il faut qu'elle ….**tonde**…. la pelouse.

D. Le verbe COUDRE.

Prés. de l'ind.	Je ….**couds**…. l'ourlet.
	Il ….**coud**…. l'ourlet.
	Vous ….**cousez**…. l'ourlet.
Imparf. de l'ind.	Nous ….**cousions**…. l'ourlet.
Pas. simp. de l'ind.	Elles ….**cousirent**…. l'ourlet.
Fut. s. de l'ind.	Nous ….**coudrons**…. l'ourlet.
Cond. prés.	Je ….**coudrais**…. l'ourlet.
Pas. comp. de l'ind.	Ils ….**ont cousu**…. l'ourlet.
Impér. prés.	2ᵉPS ….**Couds**…. l'ourlet.
	2ᵉPP ….**Cousez**…. l'ourlet.
Subj. prés.	Il faut que tu ….**couses**…. l'ourlet.

Les verbes comme METTRE, ADMETTRE, PERMETTRE, PROMETTRE…

Accorde les verbes aux temps indiqués.

mettre - Prés. de l'ind.	Tu ….**mets**…. du sel.
	Vous ….**mettez**…. du sel.
- Imparf. de l'ind.	Elle ….**mettait**…. du sel.
- Pas. simp. de l'ind.	Nous ….**mîmes**…. du sel.
promettre - Fut. s. de l'ind.	Je ….**promettrai**…. de l'aider.
- Pl.-q.-parf. de l'ind.	Nous ….**avions promis**…. de l'aider.
- Pas. comp. de l'ind.	Elles ….**ont promis**…. de l'aider.
transmettre - Impér. prés.	2ᵉPS ….**Transmets**…. le message.
	2ᵉPP ….**Transmettez**…. le message.
- Subj. prés.	Il faut qu'ils ….**transmettent**…. le message.

Le verbe VIVRE

Prés. de l'ind.	Je ….**vis**…. en ville.
	Il ….**vit**…. en ville.
	Nous ….**vivons**…. en ville.
Imparf. de l'ind.	Vous ….**viviez**…. en ville.
Pas. simp. de l'ind.	Elles ….**vécurent**…. en ville.
Pl.-q.-parf. de l'ind.	Il ….**avait vécu**…. en ville.
Fut. s. de l'ind.	Je ….**vivrai**…. en ville.
Cond. prés.	Tu ….**vivrais**…. en ville.
Pas. comp. de l'ind.	Ils ….**ont vécu**…. en ville.
Impér. prés.	2ᵉPS ….**Vis**…. en ville.
	2ᵉPP ….**Vivez**…. en ville.
Subj. prés.	Il faut que tu ….**vives**…. en ville.

CORRIGÉS

Le verbe (se) BATTRE

Accord les verbes aux temps indiqués.

Prés. de l'ind.	Je ne **me bats** pas.
	Il ne **se bat** pas.
	Nous ne **nous battons** pas.
Imparf. de l'ind.	Ils ne **se battaient** pas.
Pas. simp. de l'ind.	Elle ne **se battit** pas.
Fut. s. de l'ind.	Tu ne **te battras** pas.
Cond. prés.	Il ne **se battrait** pas.
Pas. comp. de l'ind.	Nous ne **nous sommes** pas **battue(s)**
Impér. prés.	2ᵉPS Ne **te bats** pas.
	2ᵉPP Ne **vous battez** pas.
Subj. prés.	Il ne faut pas que tu **te battes** .

Le verbe (se) TAIRE

Prés. de l'ind.	Tu te **tais** au cinéma.
	Il **se tait** au cinéma.
	Vous **vous taisez** au cinéma.
Imparf. de l'ind.	Je **me taisais** au cinéma.
Pas. simp. de l'ind.	Nous **nous tûmes** au cinéma.
	Elles **se turent** au cinéma.
Fut. s. de l'ind.	Vous **vous tairez** au cinéma.
Cond. prés.	Il **se tairait** au cinéma.
Pas. comp. de l'ind.	Elles **se sont tues** au cinéma.
Fut. ant. de l'ind.	Elle **se sera tue** au cinéma.
Impér. prés.	2ᵉPS **Tais-toi** au cinéma.
	2ᵉPP **Taisez-vous** au cinéma.
Subj. prés.	Il faut que nous **nous taisions** au cinéma.

Le verbe suivre (poursuivre)

Accorde les verbes aux temps indiqués.

suivre - Prés. de l'ind.	Je **suis** les indications.
	Vous **suivez** les indications.
- Imparf. de l'ind.	Je **suivais** les indications.
- Pas. simp. de l'ind.	Nous **suivîmes** les indications.
	Elles **suivirent** les indications.
- Fut. s. de l'ind.	Vous **suivrez** les indications.
poursuivre - Cond. prés.	Il **poursuivrait** le récit.
- Pas. comp. de l'ind.	Elles **ont poursuivi** le récit.
- Fut. ant. de l'ind.	Elle **aura poursuivi** le récit.
- Impér. prés.	2ᵉPS **Poursuis** le récit.
	2ᵉPP **Poursuivez** le récit.
- Subj. prés.	Il faut que nous **poursuivions** le récit.

Le verbe (re)naître

renaître - Prés. de l'ind.	La végétation **renaît** au printemps.
	Les fleurs **renaissent** au printemps.
- Imparf. de l'ind.	Les fleurs **renaissaient** au printemps.
- Fut. s. de l'ind.	La végétation **renaîtra** au printemps.
naître - Pas. comp. de l'ind.	Il **est né** au printemps.
	Elles **sont nées** au printemps.
- Pas. simp. de l'ind.	Il **naquit** au printemps.
	Elles **naquirent** au printemps.
- Fut. ant. de l'ind.	Elle **sera née** au printemps.
- Subj. prés.	Il faut qu'ils **naissent** en mai.

CORRIGÉS

Brassage des verbes et des temps

Accorde le verbe PARAÎTRE aux temps indiqués.

Présent de l'ind.

Tu ....**parais**.......... en bonne forme.
Elle ....**paraît**.......... en bonne forme.
Vous ....**paraissez**.......... en bonne forme.

Imparfait de l'ind.

Il ....**paraissait**.... en bonne forme.
Nous ....**paraissions**...... en bonne forme.

Fut. s. de l'ind. :

Elle ...**paraîtra**.......... en bonne forme.
Vous ...**paraîtrez**.......... en bonne forme.

Pas. s. de l'ind. :

Je ....**parus**.......... en bonne forme.
Vous ....**parûtes**.......... en bonne forme.

Cond. prés. :

Elle ...**paraîtrait**.......... en bonne forme.

Pas. comp. de l'ind. :

Elle ....**a paru**.......... en bonne forme.

Plus-que-parfait de l'ind. :

Vous ....**aviez paru**...... en bonne forme.

Impératif prés. :

2ᵉ pers. sing. : ....**Parais**.......... en bonne forme.
1ère pers. plur. : ....**Paraissons**.......... en bonne forme.
2ᵉ pers. plur. : ....**Paraissez**.......... en bonne forme.

Subj. présent : Il faut que

tu ...**paraisses**.......... en bonne forme.
nous ....**paraissions**..... en bonne forme.

Brassage des verbes et des temps

B. Accorde le verbe S'ASSEOIR aux temps indiqués.

Présent de l'ind.

Je .**m'assieds/m' assois**. sur un banc.
Nous .**nous asseyons/assoyons**. sur un banc.
Elles .**s'asseyent/s'assoient** sur un banc.

Imparfait de l'ind.

Je ..**m'asseyais/m'assoyais** sur un banc.
Vous .**vous asseyiez/assoyiez**.. sur un banc.

Fut. s. de l'ind. :

Tu ....**t'assiéras/t'assoiras**.... sur un banc.
Elles .**s'assiéront/s'assoiront**. sur un banc.

Pas. s. de l'ind. :

Il .....**s'assit**.......... sur un banc.
Nous **nous assîmes**.......... sur un banc.

Cond. prés. :

Vous .**vous assiériez/assoiriez** sur un banc.

Pas. comp. de l'ind. :

Elle ..**s'est assise**.......... sur un banc.

Plus-que-parfait de l'ind. :

Ils ...**s'étaient assis**........ sur un banc.

Impératif prés. :

2ᵉ pers. sing. :**Assieds-toi/assois-toi**..... sur un banc.
1ère pers. plur. **Asseyons-nous/assoyons-nous**. sur un banc.
2ᵉ pers. plur. :**Asseyez-vous/assoyez-vous**.. sur un banc.

Subj. présent : Il faut que

tu ...**t'asseyes/t'assoies**...... sur un banc.
vous ...**vous asseyiez/assoyiez**.. sur un banc.

CORRIGÉS

Brassage des verbes et des temps

C. Accorde le verbe SE BAIGNER aux temps indiqués.

Présent de l'ind.

Tu ...**te baignes**............. dans la piscine.
Nous ..**nous baignons**.... dans la piscine.
Ils ......**se baignent**....... dans la piscine.

Imparfait de l'ind.

Je ......**me baignais**..... dans la piscine.
Vous .....**vous baigniez**..... dans la piscine.

Fut. s. de l'ind. :

Tu ......**te baigneras**...... dans la piscine.
Ils ......**se baigneront**.. dans la piscine.

Pas. s. de l'ind. :

Je ......**me baignai**....... dans la piscine.
Nous ..**nous baignâmes**.. dans la piscine.

Cond. prés. :

Elle ..**se baignerait**......... dans la piscine.

Pas. comp. de l'ind. :

Elle ...**s'est baignée**......... dans la piscine.

Futur antérieur de l'ind. :

Ils ..**se seront baignés** dans la piscine.

Impératif prés. :

2e pers. sing. : **Baigne-toi**............... dans la piscine.
1ère pers. plur. : **Baignons-nous**..... dans la piscine.
2e pers. plur. : **Baignez-vous**......... dans la piscine.

Subj. présent. : Il faut que

je ....**me baigne**.......... dans la piscine.
nous ...**nous baignions**... dans la piscine.

Brassage des verbes et des temps

D. Accorde le verbe NE PAS ENNUYER aux temps indiqués.

Présent de l'ind.

Je ....**n'ennuie pas**......... les autres.
Vous ....**n'ennuyez pas**............ les autres.
Ils ....**n'ennuient pas**...... les autres.

Imparfait de l'ind.

Tu ....**n'ennuyais pas**....... les autres.
Nous ....**n'ennuyions pas**....... les autres.

Fut. s. de l'ind. :

Je ....**n'ennuierai pas**... les autres.
Vous ....**n'ennuierez pas**........ les autres.

Pas. s. de l'ind. :

Tu ....**n'ennuyas pas**......... les autres.
Elles ....**n'ennuyèrent pas**..... les autres.

Cond. prés. :

Il ....**n'ennuierait pas**.. les autres.

Pas. comp. de l'ind. :

Je ....**n'ai pas ennuyé**..... les autres.

Plus-que-parfait de l'ind. :

Vous ...**n'aviez pas ennuyé**....... les autres.

Impératif prés. :

2e pers. sing. : ..**N'ennuie pas**.......................... les autres.
1ère pers. plur. : ..**N'ennuyons pas**................ les autres.
2e pers. plur. : ..**N'ennuyez pas**..................... les autres.

Subj. présent. : Il ne faut pas que

tu ....**ennuies**............................ les autres.
nous ....**ennuyions**...................... les autres.

CORRIGÉS

Brassage des verbes et des temps

E. Accorde le verbe ESSAYER aux temps indiqués.

Présent de l'ind.

Tu **essaies/essayes** un nouveau vélo.
Elle **essaie/essaye** un nouveau vélo.
Vous **essayez** un nouveau vélo.

Imparfait de l'ind.

Il **essayait** un nouveau vélo.
Vous **essayiez** un nouveau vélo.

Fut. s. de l'ind. :

J' **essaierai/essayerai** un nouveau vélo.
Elles **essaieront/essayeront** un nouveau vélo.

Pas. s. de l'ind. :

Tu **essayas** un nouveau vélo.
Vous **essayâtes** un nouveau vélo.

Cond. prés. :

Tu **essaierais/essayerais** un nouveau vélo.

Pas. comp. de l'ind. :

Elle **a essayé** un nouveau vélo.

Futur antérieur de l'ind. :

Tu **auras essayé** un nouveau vélo.

Impératif prés. :

2e pers. sing. : **Essaie/Essaye** un nouveau vélo.
1ère pers. plur. : **Essayons** un nouveau vélo.
2e pers. plur. : **Essayez** un nouveau vélo.

Subj. présent. : Il faut que

tu **essaies/essayes** un nouveau vélo.
nous **essayions** un nouveau vélo.

Brassage des verbes et des temps

F. Accorde le verbe ÉTEINDRE aux temps indiqués.

Présent de l'ind.

Elle **éteint** la bougie.
Vous **éteignez** la bougie.
Elles **éteignent** la bougie.

Imparfait de l'ind.

Tu **éteignais** la bougie.
Nous **éteignions** la bougie.

Fut. s. de l'ind. :

J' **éteindrai** la bougie.
Nous **éteindrons** la bougie.

Pas. s. de l'ind. :

Il **éteignit** la bougie.
Elles **éteignirent** la bougie.

Cond. prés. :

Tu **éteindrais** la bougie.

Pas. comp. de l'ind. :

Vous **avez éteint** la bougie.

Plus-que-parfait de l'ind. :

Tu **avais éteint** la bougie.

Impératif prés. :

2e pers. sing. : **Éteins** la bougie.
1ère pers. plur. : **Éteignons** la bougie.
2e pers. plur. : **Éteignez** la bougie.

Subj. présent. : Il faut que

nous **éteignions** la bougie.
vous **éteigniez** la bougie.

CORRIGÉS

Brassage des verbes et des temps

G. Accorde le verbe VIVRE aux temps indiqués.

Présent de l'ind. :

Je ....**vis**.......................... en ville.
Tu ....**vis**.......................... en ville.
Vous ....**vivons**.................... en ville.

Imparfait de l'ind.

Elle .....**vivait**............................ en ville.
Nous ...**vivions**........................ en ville.

Fut. s. de l'ind. :

Je ....**vivrai**...................... en ville.
Nous .....**vivrons**.................... en ville.

Pas. s. de l'ind. :

Je ....**vécus**......................... en ville.
Elles .....**vécurent**................... en ville.

Cond. prés. :

Tu ....**vivrais**...................... en ville.

Pas. comp. de l'ind. :

J' ....**ai vécu**...................... en ville.

Plus-que-parfait de l'ind. :

Elles ...**avaient vécu**.......... en ville.

Impératif prés. :

2e pers. sing. : ....**Vis**.............................. en ville.
1ère pers. plur. : ....**Vivons**.................... en ville.
2e pers. plur. : ....**Vivez**....................... en ville.

Subj. présent. : Il faut que/qu'

tu ....**vives**............................... en ville.
elles .**vivent**........................... en ville.

Brassage des verbes et des temps

H. Accorde le verbe PESER aux temps indiqués.

Présent de l'ind.

Tu ....**pèses**................... les oranges.
Vous ..**pesez**....................... les oranges.
Ils ....**pèsent**.................. les oranges.

Imparfait de l'ind.

Je ....**pesais**........ les oranges.
Vous ....**pesiez**............ les oranges.

Fut. s. de l'ind. :

Tu ....**pèseras**.......... les oranges.
Nous ....**pèserons**........... les oranges.

Pas. s. de l'ind. :

Je .....**pesai**..................... les oranges.
Nous ....**pesâmes**............ les oranges.

Cond. prés. :

Elle ......**pèserait**............. les oranges.

Pas. comp. de l'ind. :

Vous ....**avez pesé**............ les oranges.

Futur antérieur de l'ind. :

Tu .....**auras pesé**......... les oranges.

Impératif prés. :

2e pers. sing. : ....**Pèse**................... les oranges.
1ère pers. plur. : ....**Pesons**............ les oranges.
2e pers. plur. : ....**Pesez**................ les oranges.

Subj. présent. : Il faut que

tu ....**pèses**.............. les oranges.
vous ....**pesiez**................. les oranges.

CORRIGÉS

Brassage des verbes et des temps

1. Accorde le verbe ESPÉRER aux temps indiqués.

Présent de l'ind.

J' ....**espère**........ du beau temps.
Vous ...**espérez**........ du beau temps.
Elles ....**espèrent**........ du beau temps.

Imparfait de l'ind.

Tu ....**espérais**........ du beau temps.
Ils ....**espéraient**........ du beau temps.

Fut. s. de l'ind. :

J' ....**espèrerai**........ du beau temps.
Vous ....**espèrerez**........ du beau temps.

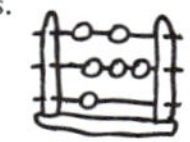

Pas. s. de l'ind. :

Elle ....**espéra**........ du beau temps.
Vous ....**espérâtes**........ du beau temps.

Cond. prés. :

Nous ....**espèrerions**........ du beau temps.

Pas. comp. de l'ind. :

Vous ....**avez espéré**........ du beau temps.

Plus-que-parfait de l'ind. :

Nous ....**avions espéré**........ du beau temps.

Impératif prés. :

2ᵉ pers. sing. : ....**Espère**........ du beau temps.
1ère pers. plur. : ....**Espérons**........ du beau temps.
2ᵉ pers. plur. : ....**Espérez**........ du beau temps.

Subj. présent. : Il faut quelqu'

elle ....**espère**........ du beau temps.
nous ....**espérions**........ du beau temps.

Brassage des verbes et des temps

1. Accorde le verbe CUIRE aux temps indiqués.

Présent de l'ind.

Je ....**cuis**........ des pâtes.
Il ....**cuit**........ des pâtes.
Nous ...**cuisons**........ des pâtes.

Imparfait de l'ind.

Tu ....**cuisais**........ des pâtes.
Elles ....**cuisaient**........ des pâtes.

Fut. s. de l'ind. :

Je ....**cuirai**........ des pâtes.
Nous ....**cuirons**........ des pâtes.

Pas. s. de l'ind. :

Tu ....**cuis**........ des pâtes.
Elles ....**cuisirent**........ des pâtes.

Cond. prés. :

Il ....**cuirait**........ des pâtes.

Pas. comp. de l'ind. :

J' ....**ai cuit**........ des pâtes.

Plus-que-parfait de l'ind. :

Nous ...**avions cuit**........ des pâtes.

Impératif prés. :

2e pers. sing. : ....**Cuis**........ des pâtes.
1ère pers. plur. : ....**Cuisons**........ des pâtes.
2ᵉ pers. plur. : ....**Cuisez**........ des pâtes.

Subj. présent. : Il faut que

tu ....**cuises**........ des pâtes.
nous ....**cuisions**........ des pâtes.

CORRIGÉS

Brassage des verbes et des temps

K. Accorde le verbe CRIER aux temps indiqués.

Présent de l'ind.

Tu ......**cries**.................. pour appeler.
Elle ......**crie**.................... pour appeler.
Nous ......**crions**.................. pour appeler.

Imparfait de l'ind.

Je ......**criais**................ pour appeler.
Vous ....**criiez**.......... pour appeler.

Fut. s. de l'ind. :

Il ......**criera**................ pour appeler.
Nous ......**crierons**.......... pour appeler.

Pas. s. de l'ind. :

Je ......**criai**.................. pour appeler.
Vous ....**criâtes**............ pour appeler.

Cond. prés. :

Ils ......**crieraient**...... pour appeler.

Pas. comp. de l'ind. :

Tu ....**as crié**...... pour appeler.

Futur antérieur de l'ind. :

Nous ...**aurons crié**...... pour appeler.

Impératif prés. :

2ᵉ pers. sing. : ....**Crie**................ pour appeler.
1ère pers. plur. : ....**Crions**.............. pour appeler.
2ᵉ pers. plur. : ....**Criez**................ pour appeler.

Subj. présent. : Il faut que/qu'

il ......**crie**.................... pour appeler.
vous ....**criiez**................ pour appeler.

Brassage des verbes et des temps

L. Accorde le verbe ACHETER aux temps indiqués.

Présent de l'ind.

Elle .....**achète**.................... un dictionnaire.
Nous ...**achetons**................. un dictionnaire.
Elles ....**achètent**................ un dictionnaire.

Imparfait de l'ind.

J' ....**achetais**........... un dictionnaire.
Ils ....**achetaient**......... un dictionnaire.

Fut. s. de l'ind. :

Tu ....**achèteras**........... un dictionnaire.
Nous ...**achèterons**........... un dictionnaire.

Pas. s. de l'ind. :

Il ....**acheta**................. un dictionnaire.
Elles ....**achetèrent**........... un dictionnaire.

Cond. prés. :

Vous ....**achèteriez**..... un dictionnaire.

Pas. comp. de l'ind. :

J' ....**ai acheté**.......... un dictionnaire.

Plus-que-parfait de l'ind. :

Tu ....**avais acheté**...... un dictionnaire.

Impératif prés. :

2ᵉ pers. sing. : ....**Achète**...... un dictionnaire.
1ère pers. plur. : ....**Achetons** un dictionnaire.
2ᵉ pers. plur. : ....**Achetez**... un dictionnaire.

Subj. présent. : Il faut que

tu ....**achètes**............... un dictionnaire.
vous ....**achetiez**............ un dictionnaire.

CORRIGÉS

Brassage des verbes et des temps

M. Accorde le verbe S'ÉMERVEILLER aux temps indiqués.

Présent de l'ind.

Je ....**m'émerveille**...... devant cette peinture.
Vous ...**vous émerveillez**.. devant cette peinture.
Ils ....**s'émerveillent**.... devant cette peinture.

Imparfait de l'ind.

Tu ....**t'émerveillais**...... devant cette peinture.
Vous ...**vous émerveilliez** devant cette peinture.

Fut. s. de l'ind. :

Je ..**m'émerveillerai**...... devant cette peinture.
Nous **nous émerveillerons**. devant cette peinture.

Pas. s. de l'ind. :

Il ....**s'émerveilla**........ devant cette peinture.
Elles ....**s'émerveillèrent**... devant cette peinture.

Cond. prés. :

Nous **nous émerveillerions** devant cette peinture.

Pas. comp. de l'ind. :

Elle .....**s'est émerveillée**. devant cette peinture.

Plus-que-parfait de l'ind. :

Ils **s'étaient émerveillés** devant cette peinture.

Impératif prés. :

2e pers. sing. : ....**Émerveille-toi**. devant cette peinture.
1ère pers. plur. : .**Émerveillons-nous**. devant cette peinture.
2e pers. plur. : **Émerveillez-vous** devant cette peinture.

Subj. présent. : Il faut que

je .....**m'émerveille**......... devant cette peinture.
vous ..**vous émerveilliez**. devant cette peinture.

Brassage des verbes et des temps

N. Accorde le verbe APPELER aux temps indiqués.

Présent de l'ind.

Tu ....**appelles**............ un copain.
Nous ....**appelons**............. un copain.
Elles ....**appellent**........... un copain.

Imparfait de l'ind.

J' ....**appelais**......... une copine.
Vous ....**appeliez**............... une copine.

Fut. s. de l'ind. :

Tu .....**appelleras**................. un copain.
Ils .....**appelleront**............. un copain.

Pas. s. de l'ind. :

Tu ....**appelas**............. une copine.
Vous ....**appelâtes**............ une copine.

Cond. prés. :

Nous ....**appellerions**...... un copain.

Pas. comp. de l'ind. :

J' ....**ai appelé**...... une copine.

Futur antérieur de l'ind. :

Nous ....**aurons appelé**.. une copine.

Impératif prés. :

2e pers. sing. : ....**Appelle**..................... un copain.
1ère pers. plur. : ....**Appelons**.............. un copain.
2e pers. plur. : ....**Appelez**.................. un copain.

Subj. présent. : Il faut quelqu'

tu ....**appelles**........... une copine.
ils ....**appellent**........ une copine.

CORRIGÉS

Brassage des verbes et des temps

O. Accorde le verbe JETER aux temps indiqués.

Présent de l'ind.

Je ....**jette**.......... les déchets dans une poubelle.
Vous ....**jetez**.......... les déchets dans une poubelle.
Elles ....**jettent**.......... les déchets dans une poubelle.

Imparfait de l'ind.

Tu ....**jetais**.......... les déchets dans une poubelle.
Nous ....**jetions**.......... les déchets dans une poubelle.

Fut. s. de l'ind. :

Tu ....**jetteras**.......... les déchets dans une poubelle.
Vous ....**jetterez**.......... les déchets dans une poubelle.

Pas. s. de l'ind. :

Il ....**jeta**.......... les déchets dans une poubelle.
Vous ....**jetâtes**.......... les déchets dans une poubelle.

Cond. prés. :

Je ....**jetterais**.......... les déchets dans une poubelle.

Pas. comp. de l'ind. :

Tu ....**as jeté**.......... les déchets dans une poubelle.

Plus-que-parfait de l'ind. :

Elles ....**avaient jeté**... les déchets dans une poubelle.

Impératif prés. :

2e pers. sing. : ....**Jette**.......... les déchets dans une poubelle.
1ère pers. plur. : ....**Jetons**..... les déchets dans une poubelle.
2e pers. plur. : ....**Jetez**.......... les déchets dans une poubelle.

Subj. présent. : Il faut que/qu'

nous ....**jetions**.......... les déchets dans une poubelle.
ils ....**jettent**.......... les déchets dans une poubelle.

Brassage des verbes et des temps

P. Accorde le verbe ALLER aux temps indiqués.

Présent de l'ind.

Je ....**vais**.......... à la plage.
Tu ....**vas**.......... à la plage.
Vous ....**allez**.......... à la plage.

Imparfait de l'ind.

Elle ....**allait**.......... à la plage.
Nous ....**allions**.......... à la plage.

Fut. s. de l'ind. :

J' ....**irai**.......... à la plage.
Vous ....**irez**.......... à la plage.

Pas. s. de l'ind. :

J' ....**allai**.......... à la plage.
Nous ....**allâmes**.......... à la plage.

Cond. prés. :

Elle ....**irait**.......... à la plage.

Pas. comp. de l'ind. :

Il ....**est allé**.......... à la plage.

Plus-que-parfait de l'ind. :

Elles ....**étaient allées**.. à la plage.

Impératif prés. :

2e pers. sing. : ....**Va**.......... à la plage.
1ère pers. plur. : ....**Allons**.......... à la plage.
2e pers. plur. : ....**Allez**.......... à la plage.

Subj. présent. : Il faut que

tu ....**ailles**.......... à la plage.
vous ....**alliez**.......... à la plage.

CORRIGÉS

Brassage des verbes et des temps

Q. Accorde le verbe DÉFAIRE aux temps indiqués.

Présent de l'ind.

Tu ....**défais**........ le nœud.
Vous ....**défaites**........ le nœud.
Ils ....**défont**........ le nœud.

Imparfait de l'ind.

Je ....**défaisais**........ le nœud.
Nous ....**défaisions**........ le nœud.

Fut. s. de l'ind. :

Tu ....**déferas**........ le nœud.
Vous ....**déferez**........ le nœud.

Pas. s. de l'ind. :

Elle ....**défit**........ le nœud.
Nous ....**défîmes**........ le nœud.

Cond. prés. :

Ils ....**déferaient**........ le nœud.

Pas. comp. de l'ind. :

J' ....**ai défait**........ le nœud.

Futur antérieur de l'ind. :

Nous ....**aurons défait**........ le nœud.

Impératif prés. :

2ᵉ pers. sing. : ....**Défais**........ le nœud.
1ʳᵉ pers. plur. : ....**Défaisons**........ le nœud.
2ᵉ pers. plur. : ....**Défaites**........ le nœud.

Subj. présent. : Il faut que

je ....**défasse**........ le nœud.
vous ....**défassiez**........ le nœud.

Brassage des verbes et des temps

R. Accorde le verbe VOULOIR aux temps indiqués.

Présent de l'ind.

Tu ....**veux**........ réussir.
Elle ....**veut**........ réussir.
Nous ....**voulons**........ réussir.

Imparfait de l'ind.

Je ....**voulais**........ réussir.
Ils ....**voulaient**........ réussir.

Fut. s. de l'ind. :

Tu ....**voudras**........ réussir.
Vous ....**voudrez**........ réussir.

Pas. s. de l'ind. :

Je ....**voulus**........ réussir.
Ils ....**voulurent**........ réussir.

Cond. prés. :

Elle ....**voudrait**........ réussir.

Pas. comp. de l'ind. :

Nous ....**avons voulu**........ réussir.

Plus-que-parfait de l'ind. :

Elles ....**avaient voulu**........ réussir.

Subj. présent. : Il faut que

tu ....**veuilles**........ réussir.
nous ....**voulions**........ réussir.

CORRIGÉS

Brassage des verbes et des temps

S. Accorde le verbe DEVENIR aux temps indiqués.

Présent de l'ind.

Tu ....**deviens**........ un bon joueur.
Elle ....**devient**........ une bonne joueuse.
Nous ....**devenons**........ de bons joueurs.

Imparfait de l'ind.

Tu ....**devenais**........ une bonne joueuse.
Ils ....**devenaient**........ de bons joueurs.

Fut. s. de l'ind. :

Je ....**deviendrai**........ un bon joueur.
Elles ....**deviendront**........ de bonnes joueuses.

Pas. s. de l'ind. :

Je ....**devins**........ un bon joueur.
Vous ....**devîntes**........ de bons joueurs.

Cond. prés. :

Nous ....**deviendrions**........ de bons joueurs.

Pas. comp. de l'ind. :

Elle ....**est devenue**........ une bonne joueuse.

Plus-que-parfait de l'ind. :

Ils ...**étaient devenus**........ de bons joueurs.

Impératif prés. :

2ᵉ pers. sing. : ....**Deviens**........ un bon joueur.
1ère pers. plur. : ....**Devenons**........ de bons joueurs.
2ᵉ pers. plur. : ....**Devenez**........ de bonnes joueuses.

Subj. présent. : Il faut que

tu ....**deviennes**........ une bonne joueuse.
vous ....**deveniez**........ de bonnes joueuses.

Brassage des verbes et des temps

T. Accorde le verbe VOIR aux temps indiqués.

Présent de l'ind.

Je ....**vois**........ un ULM.
Vous ....**voyez**........ un ULM.
Elles ....**voient**........ un ULM.

Imparfait de l'ind.

Je ....**voyais**........ un ULM.
Ils ....**voyaient**........ un ULM.

Fut. s. de l'ind. :

Tu ....**verras**........ un ULM.
Nous ....**verrons**........ un ULM.

Pas. s. de l'ind. :

Je ....**vis**........ un ULM.
Nous ....**vîmes**........ un ULM.

Cond. prés. :

Elle ....**verrait**........ un ULM.

Pas. comp. de l'ind. :

Tu ....**as vu**........ un ULM.

Futur antérieur de l'ind. :

Vous ....**aurez vu**........ un ULM.

Impératif prés. :

2ᵉ pers. sing. : ....**Vois**........ un ULM.
1ère pers. plur. : ....**Voyons**........ un ULM.
2ᵉ pers. plur. : ....**Voyez**........ un ULM.

Subj. présent. : Il faut que

il ....**voie**........ un ULM.
nous ....**voyions**........ un ULM.

CORRIGÉS

Brassage des verbes et des temps

V. Accorde le verbe S'HABILLER aux temps indiqués.

Présent de l'ind.

Je ……**m'habille**…… chaudement.
Nous ……**nous habillons**…… chaudement.
Elles ……**s'habillent**…… chaudement.

Imparfait de l'ind.

Tu ……**t' habillais**…… chaudement.
Vous ……**vous habilliez**…… chaudement.

Fut. s. de l'ind. :

Elle ……**s'habillera**…… chaudement.
Nous ……**nous habillerons**…… chaudement.

Pas. s. de l'ind. :

Je ……**m' habillai**…… chaudement.
Vous ……**vous habillâtes**…… chaudement.

Cond. prés. :

Tu ……**t' habillerais**…… chaudement.

Pas. comp. de l'ind. :

Elle ……**s'est habillée**…… chaudement.

Futur antérieur de l'ind. :

Ils ……**se seront habillés**…… chaudement.

Impératif prés. :

2ᵉ pers. sing. : ……**Habille-toi**…… chaudement.
1ʳᵉ pers. plur. : ……**Habillons-nous**…… chaudement.
2ᵉ pers. plur. : ……**Habillez-vous**…… chaudement.

Subj. présent. : Il faut que

tu ……**t' habilles**…… chaudement.
vous ……**vous habilliez**…… chaudement.

Brassage des verbes et des temps

U. Accorde le verbe RENVOYER aux temps indiqués.

Présent de l'ind.

Tu ……**renvoies**…… le ballon.
Il ……**renvoie**…… le ballon.
Nous ……**renvoyons**…… le ballon.

Imparfait de l'ind.

Je ……**renvoyais**…… le ballon.
Vous ……**renvoyions**…… le ballon.

Fut. s. de l'ind. :

Il ……**renverra**…… le ballon.
Elles ……**renverront**…… le ballon.

Pas. s. de l'ind. :

Je ……**renvoyai**…… le ballon.
Nous ……**renvoyâmes**…… le ballon.

Cond. prés. :

Tu ……**renverrais**…… le ballon.

Pas. comp. de l'ind. :

J' ……**ai renvoyé**…… le ballon.

Plus-que-parfait de l'ind. :

Nous ……**avions renvoyé**…… le ballon.

Impératif prés. :

2ᵉ pers. sing. : ……**Renvoie**…… le ballon.
1ʳᵉ pers. plur. : ……**Renvoyons**…… le ballon.
2ᵉ pers. plur. : ……**Renvoyez**…… le ballon.

Subj. présent. : Il faut que

tu ……**renvoies**…… le ballon.
vous ……**renvoyiez**…… le ballon.

CORRIGÉS

Brassage des verbes et des temps

Y. Accorde le verbe VENDRE aux temps indiqués.

Présent de l'ind.

Tu ....**vends**........ des jouets.
Elle ....**vend**........ des jouets.
Vous ....**vendez**........ des jouets.

Imparfait de l'ind.

Je ....**vendais**........ des jouets.
Nous ....**vendions**........ des jouets.

Fut. s. de l'ind. :

Elle ....**vendra**........ des jouets.
Vous ....**vendrez**........ des jouets.

Pas. s. de l'ind. :

Tu ....**vendis**........ des jouets.
Vous ....**vendîtes**........ des jouets.

Cond. prés. :

Tu ....**vendrais**........ des jouets.

Pas. comp. de l'ind. :

Ils ....**ont vendu**........ des jouets.

Plus-que-parfait de l'ind. :

Nous ...**avions vendu**........ des jouets.

Impératif prés. :

2e pers. sing. : ....**Vends**........ des jouets.
1ère pers. plur. : ....**Vendons**........ des jouets.
2e pers. plur. : ....**Vendez**........ des jouets.

Subj. présent. : Il faut que/qu'

tu ....**vendes**........ des jouets.
ils ....**vendent**........ des jouets.

BROUILLON / NOTES

CORRIGÉS

Brassage des verbes et des temps

W. Accorde le verbe NETTOYER aux temps indiqués.

Présent de l'ind.

Tu ....**nettoies**....... les légumes.
Nous ....**nettoyons**....... les légumes.
Ils ....**nettoient**....... les légumes.

Imparfait de l'ind.

Je ....**nettoyais**....... les légumes.
Vous ....**nettoyiez**....... les légumes.

Fut. s. de l'ind. :

Je ....**nettoierai**....... les légumes.
Nous ....**nettoierons**....... les légumes.

Pas. s. de l'ind. :

Tu ....**nettoyas**....... les légumes.
Elles ....**nettoyèrent**....... les légumes.

Cond. prés. :

Tu ....**nettoierais**....... les légumes.

Pas. comp. de l'ind. :

J' ....**ai nettoyé**....... les légumes.

Plus-que-parfait de l'ind. :

Elle ....**avait nettoyé**....... les légumes.

Impératif prés. :

2ᵉ pers. sing. : ....**Nettoie**....... les légumes.
1ʳᵉ pers. plur. : ....**Nettoyons**....... les légumes.
2ᵉ pers. plur. : ....**Nettoyez**....... les légumes.

Subj. présent. : Il faut que

je ....**nettoie**....... les légumes.
nous ....**nettoyions**....... les légumes.

Brassage des verbes et des temps

X. Accorde le verbe CUEILLIR aux temps indiqués.

Présent de l'ind.

Tu ....**cueilles**....... des fruits.
Nous ....**cueillons**....... des fruits.
Elles ....**cueillent**....... des fruits.

Imparfait de l'ind.

Je ....**cueillais**....... des fruits.
Vous ....**cueilliez**....... des fruits.

Fut. s. de l'ind. :

Nous ....**cueillerons**....... des fruits.
Ils ....**cueilleront**....... des fruits.

Pas. s. de l'ind. :

Tu ....**cueillis**....... des fruits.
Vous ....**cueillîtes**....... des fruits.

Cond. prés. :

Tu ....**cueillerais**....... des fruits.

Pas. comp. de l'ind. :

Elles ....**ont cueilli**....... des fruits.

Futur antérieur de l'ind. :

Nous ....**aurons cueilli**....... des fruits.

Impératif prés. :

2ᵉ pers. sing. : ....**Cueille**....... des fruits.
1ʳᵉ pers. plur. : ....**Cueillons**....... des fruits.
2ᵉ pers. plur. : ....**Cueillez**....... des fruits.

Subj. présent. : Il faut que

tu ....**cueilles**....... des fruits.
vous ....**cueilliez**....... des fruits.